梁带村

LIANGDAI VILLAGE RUINS MUSEUM

遗址博物馆

韩城市梁带村遗址管理处　编

陕西新华出版传媒集团
陕西科学技术出版社
西安

图书在版编目（CIP）数据

梁带村遗址博物馆 / 韩城市梁带村遗址管理处编 . -- 西安： 陕西科学技术出版社， 2018.1（2019.10 重印）
ISBN 978-7-5369-7080-9

Ⅰ. ①梁… Ⅱ. ①韩… Ⅲ. ①墓葬（考古）—出土文物—遗址博物馆—介绍—韩城—周代 Ⅳ. ① K878.8 ② G269.263

中国版本图书馆 CIP 数据核字（2017）第 231446 号

LIANGDAICUN YIZHI BOWUGUAN
梁带村遗址博物馆
（韩城市梁带村遗址管理处 编）

出 版 人 崔 斌
策划编辑 李 栋
责任编辑 赵文欣
封面设计 余 文

出版者 陕西新华出版传媒集团 陕西科学技术出版社
西安市曲江新区登高路 1388 号陕西新华出版传媒产业大厦 B 座
电话（029）81205187 传真（029）81205155 邮编 710061
http://www.snstp.com
发行者 陕西新华出版传媒集团 陕西科学技术出版社
电话（029）81205180 81206809
印 刷 陕西金和印务有限公司
规 格 787mm×1092mm 1/16
印 张 17.75
字 数 227 千字
版 次 2018 年 1 月第 1 版
2019 年 10 月第 3 次印刷
书 号 ISBN 978-7-5369-7080-9
定 价 480.00 元

本书编委会

主　任　李智远　褚锦峰

副主任　王　辉　陈玉振

编　委　吴　杉　高少武　任万刚

孙周勇　张天恩　孙秉君

董　理　文宁军　冯小军

程艳侠　曹小婷　刘昱彬

张　乐　赵　媛　王　婷

主　编　庞有学

校　点　王　婷

序

坚定文化自信
铸就创新发展新辉煌

李智远

文化是一个国家、一个民族的灵魂。

文化自信是一个国家、一个民族发展中更基本、更深沉、更持久的力量。

地处黄河之滨的历史文化名城——韩城，始建于西周，古称“龙门”。这里历史悠久，积淀深厚，素有“华夏史笔唯司马，关中文物最韩城”之美誉。世界历史文化名人司马迁诞生于斯，长眠于斯，他的祠墓更是海内外华夏儿女朝圣之地；大禹治水、鲤鱼跃龙门、赵氏孤儿、尾生抱柱等文化经典使得这座千年古城增添了浓厚的传奇色彩；韩城古城、民居瑰宝党家村是世人探寻先贤足迹、传承历史文明的鲜活教材……所有这些只是韩城博大雄浑的传统文化的精彩一面。

为了加速传统文化创造性转化、创造性发展的步伐，肩负文化复兴的韩城勇于担当，2013年，韩城市委、市政府抢救性挖掘梁带村遗址，该遗址被评为“2005年全国十大考古新发现”，对于韩城，这既是一次考验，同时也是一次难得的机遇。整个发掘过程高端规划、系统思维、精准施策，开启了梁带村遗址博物馆建设新征程。

先后投入资金5亿多元，历经4年大步推进，今天，梁带村遗址博物馆以全新的面貌、自信的姿态，屹然挺立在黄河之滨，运用传统与现代交融的手法，向世人讲述着两周芮国文化的动人故事，呈献给观者一个鲜为人知的芮国，揭开了其前世今生的神秘面纱，这里必将成为陕西沿黄旅游带上一个新地标和一颗璀璨的明珠。

历史的潮流滚滚向前，文明的脚步从未停歇。传承优秀传统文化永远在路上。

站在梁带村遗址博物馆开放的新起点上，韩城上下将秉承创造性转化、创新性发展的理念，始终把文化作为推动旅游和突破发展的强大支撑，不忘本来，吸收升华，面向未来，坚决按照世界旅游目的地的奋斗目标，以“五大发展理念”引领，以供给侧结构性改革为主线，紧抓“五个扎实”要求，全面落实“五新战略”，在追赶超越中，铸就创新发展新辉煌，聚力开创建设黄河沿岸区域中心城市新局面。

【前 言】FOREWORD

芮是中国古代两周时期众多诸侯国之一，公元前7世纪，因秦国的一场征伐，芮国由此湮灭于岁月长河之中。芮国的具体史迹，长久以来都缺乏明确记载，除只言片语的零星记录外，这个古老封国的历史早已在岁月流转中湮没无迹。直到梁带村的考古发现横空出世，芮国这页尘封已久的历史又被翻开。

经过3次大规模的勘探，确认这片黄土下埋藏着两周墓葬1300余座，车马坑64座，其中7座墓葬可能属于芮国国君及其夫人，基本搞清了墓地的布局与性质。勘探成果表明，这是一处范围大、等级高、保存好的两周时期高等级贵族墓地。

历时5年阶段性的发掘，芮国墓地的各种遗迹、遗物保存完整，出土文物36000余件（组），金器、铁器、青铜器、玉石器、象牙器、漆木器等随葬品，琳琅满目，异彩独具，有极高的历史、科学和艺术价值。尤为令人瞩目的是，成套金腰带与金剑鞘、红山文化玉猪龙、漆木建鼓、组合完整的青铜礼器等稀世奇珍惊艳问世。

梁带村芮国墓地的发现，为近年来全国最重要的商周考古发现之一，填补了陕西关中地区周代封国考古的薄弱环节，对研究芮国历史地理及周代封国制度、器用制度、丧葬制度等都具有重大价值，于2005年入选“全国十大考古新发现”，并于2006年被国务院确定为“全国重点文物保护单位”。

【目录】CONTENTS

古芮寻微 故国韶光

考寻一方失落于历史的神秘古国

温寻一段散轶于典籍的金玉华年

追寻一个激荡中融合的礼乐时代

探寻一条多元到一体的文明源流

周朝分为“西周”（前11世纪中期至前771年）与“东周”（前770年至前256年）两个时期，史书上常将这两个时期合称为两周时代。西周由周武王姬发创建，定都镐京（宗周），成王五年营建都城洛邑（成周）；公元前770年（周平王元年），平王东迁，定都洛邑，此后周朝的这段时期称为东周。

周朝是一个根植于宗法制度的王朝，宗法制是按照血统远近以区别亲疏的制度。早在原始氏族时期宗法制就有所萌芽，但作为一种维系贵族间关系的完整制度的确立，则是在周朝。这种由氏族社会父系家长制演变而来的宗法制度深深地影响着后来的各封建王朝。

封邦建国 制礼作乐

一个根植于宗法的两周时代

文王受命，有此武功。既伐于崇，作邑于丰。

——《诗经·大雅·文王有声》

考卜维王，宅是镐京。维龟正之，武王成之。

——《诗经·大雅·文王有声》

两都

丰京和镐京是西周的都城。周文王灭崇（夏禹之父鲧所封之地）后，在沣水西岸营建丰京（今西安西南）。到周武王灭商后，迁都镐京，丰京与镐京仅一河之隔，位于沣河两岸，之间以桥梁相接。周武王迁都镐京之后并未遗弃丰京，而是将两地分别作为不同的功能区域进行使用：镐京作为西周政治统治中心，是周王居住和理政的地方；丰京作为祭祀和娱乐的场所，是宗庙和园囿的所在地，两都合称为丰镐。

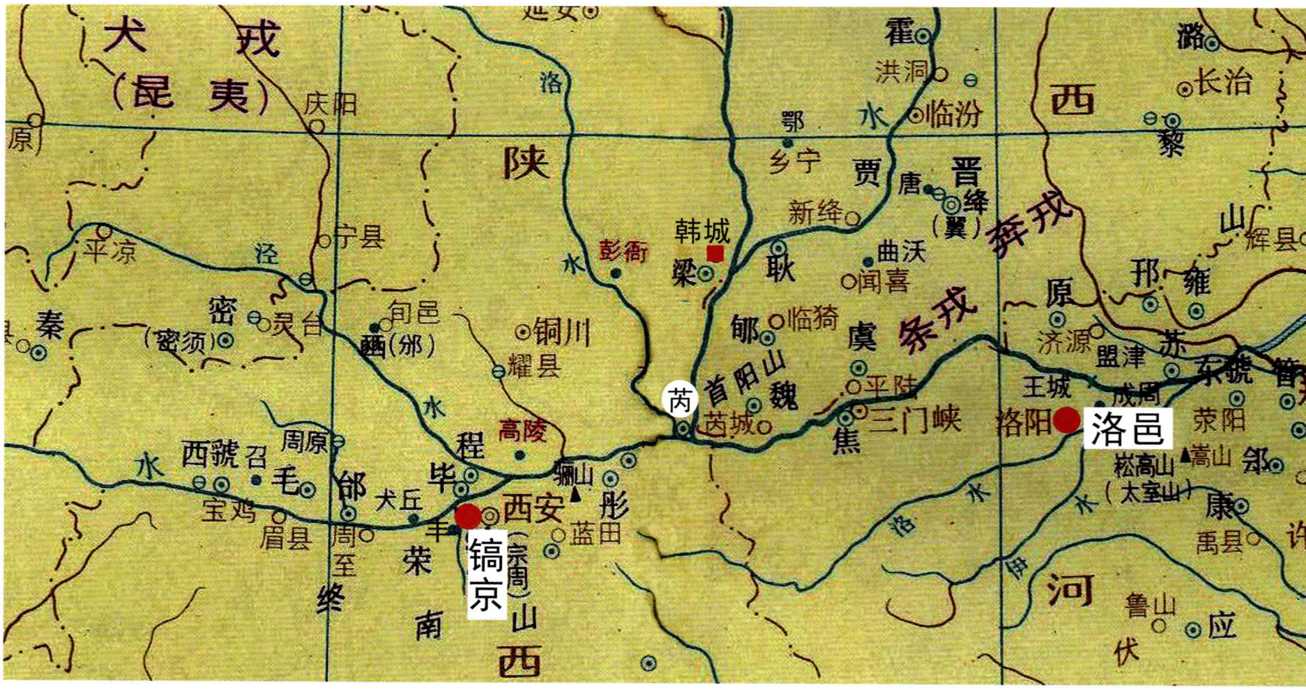

分封

> 封建亲戚，以藩屏周。
>
> ——《左传》

西周灭商后，因其国都建于关中镐京，不利于控制幅员辽阔的疆土和控制商代后裔，于是把周天子的兄弟叔侄及某些立有战功的异姓贵族派往各地担任诸侯。诸侯服从于天子，镇守疆土，随从作战，交纳贡赋，朝觐述职，并在封疆内对卿大夫实行再分封，卿大夫再将土地和人民分赐给士，以此形成了以“天子—诸侯—卿大夫—士”构成的等级森严的贵族统治阶层。

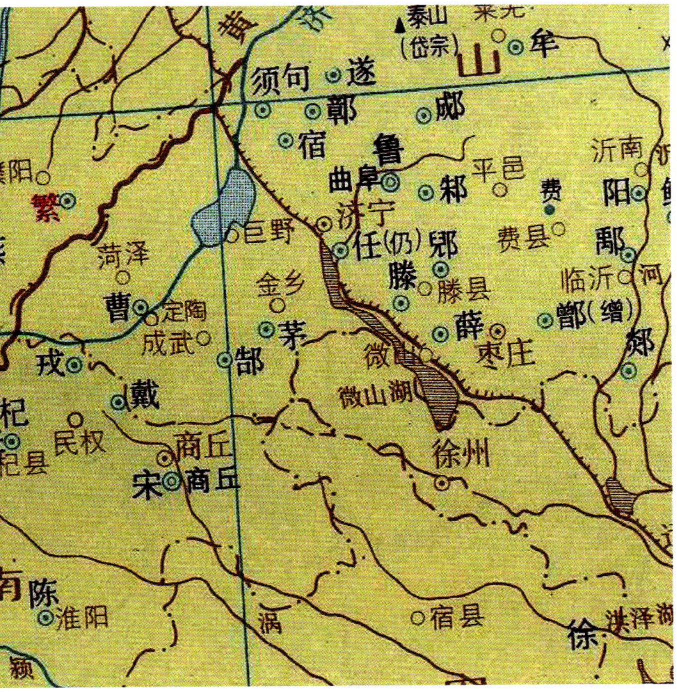

当成周者，南有蛮、荆、申、吕、应、邓、陈、蔡、随、唐；北有卫、燕、鲜虞、潞、洛、泉、徐、蒲；西有虞、虢、晋、隗、霍、杨、魏、芮；东有齐、鲁、曹、宋、滕、薛、邹、莒；是非王之支子母弟甥舅也，则皆蛮、荆、戎、狄之人也。

——《国语》

宗法

宗法制度是以父系血缘关系的亲疏来维系政治等级、巩固国家统治的制度。它可以上溯到原始社会末期父系家庭公社以血缘关系为纽带的宗族组织系统。商代末年宗法制基本形成，至西周时已趋完备，并与分封世袭制度相结合，成为西周一代的重要政治制度。

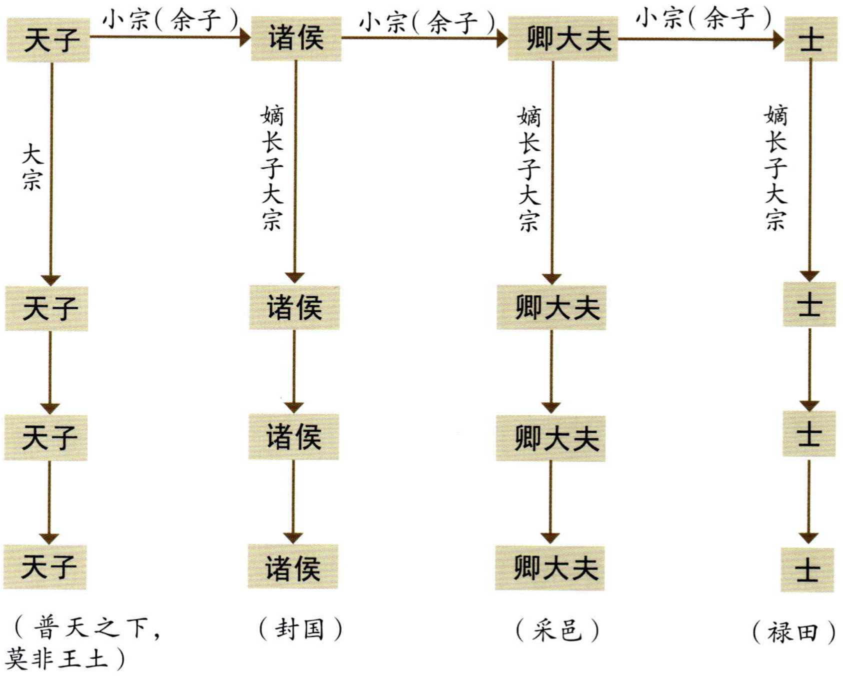

西周宗法制示意图

> 大邦维屏，大宗维翰。怀德维宁，宗子维城。
>
> ——《诗经·大雅·板》

礼乐

> 是故圣人作，为礼以教人，使人以有礼，知自别于禽兽。
>
> ——《礼记·曲礼上》

礼乐本源自先民的祭祀活动，礼为祭神的供奉，乐为娱神的歌舞，故周公之前，礼乐的主要功用是敬神。而周公之后，礼乐则成为维系社会等级制度和张扬至高道德的礼仪规范。它的核心是体现周代宗法制及分封制所形成的社会等级规范。

周天子	诸侯	卿大夫	高级的士	低级的士
九鼎	七鼎	五鼎	三鼎	一鼎
牛、羊、豕、鱼、腊、肠胃、肤、鲜鱼、鲜腊	牛、羊、豕、鱼、腊、肠胃、肤	羊、豕、鱼、腊、肠胃	豕、鱼、腊	豕
八簋	六簋	四簋	二簋	无簋

西周鼎簋制度

随着梁带村芮国墓地的发掘，文献零星涉及的神秘而虚幻的古芮国历史由此而被初步激活，证实了周代这一重要封国的存在。数年之间，以考古、铭文、文献等数种实证为据，与之相关的研究层出不穷，推动了芮及西周封国研究的热潮，为我们逐渐还原出一段动态发展中的古芮国历史。

吉光片羽 古芮寻踪

一些散落于历史的小国记忆

传世芮国铜器

北宋后期，由于皇帝对祥瑞的兴趣，官民竞相献宝。咸平三年（公元 1000 年），同州（今陕西省大荔县）百姓汤善德进献黄河之滨出土的芮公簠，拉开了芮国重器重见天日的序幕。其后乾隆年间所编《西清古鉴》，收录芮国钟、鼎等青铜器三十余件，惜上述重器难究出处，研究价值大受影响。新中国成立后，虽有芮器发掘出土，终因数量太少而未引起学界高度重视。

> 同州民汤善德，获（太公缶）于河滨以献。
>
> ——《考古图·太公缶释》

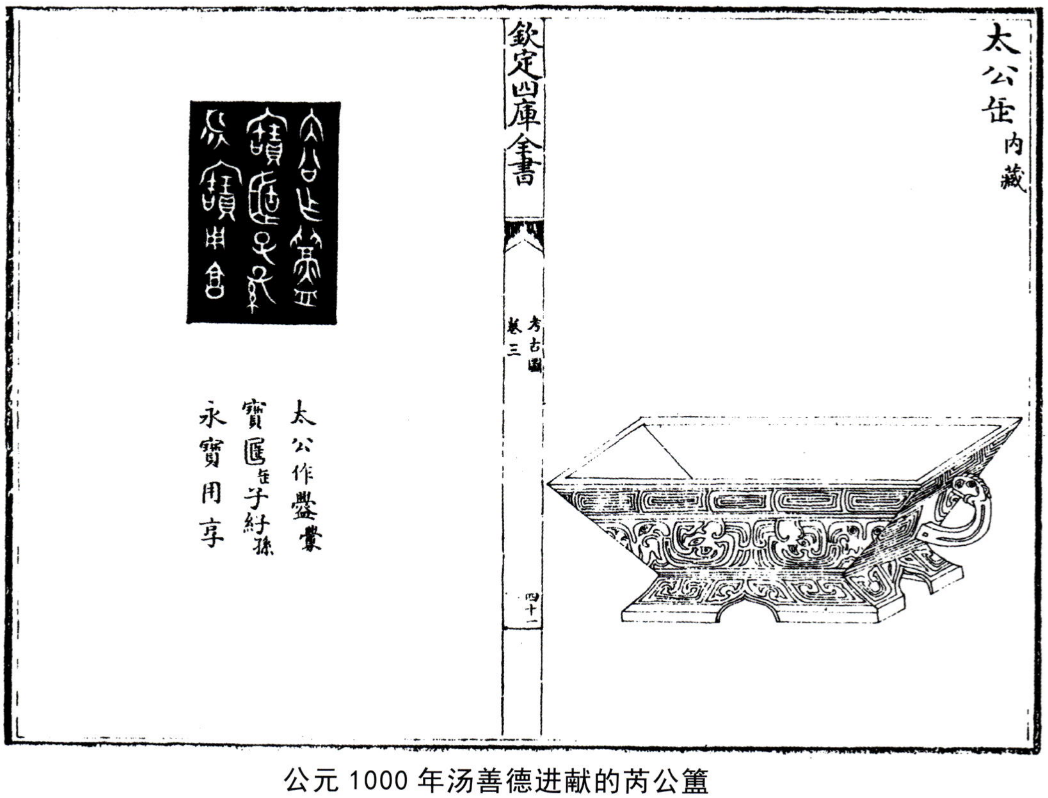

公元 1000 年汤善德进献的芮公簠

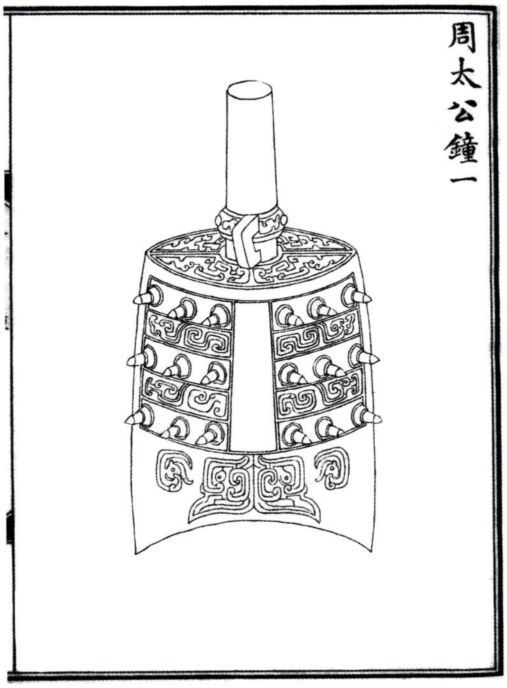

《宁寿鉴古》收录芮公钟一

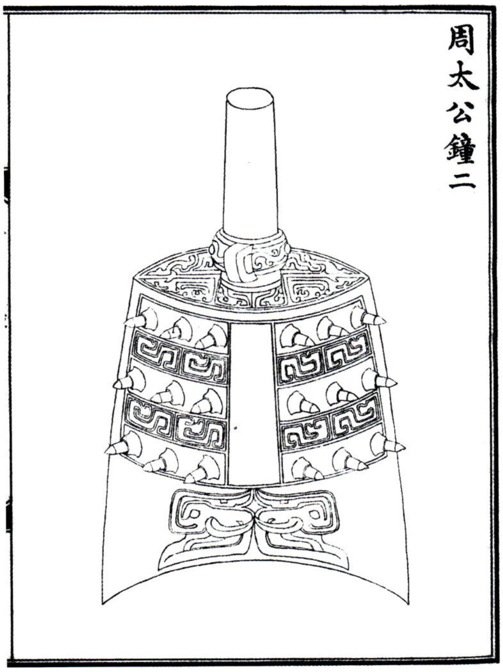

《宁寿鉴古》收录芮公钟二

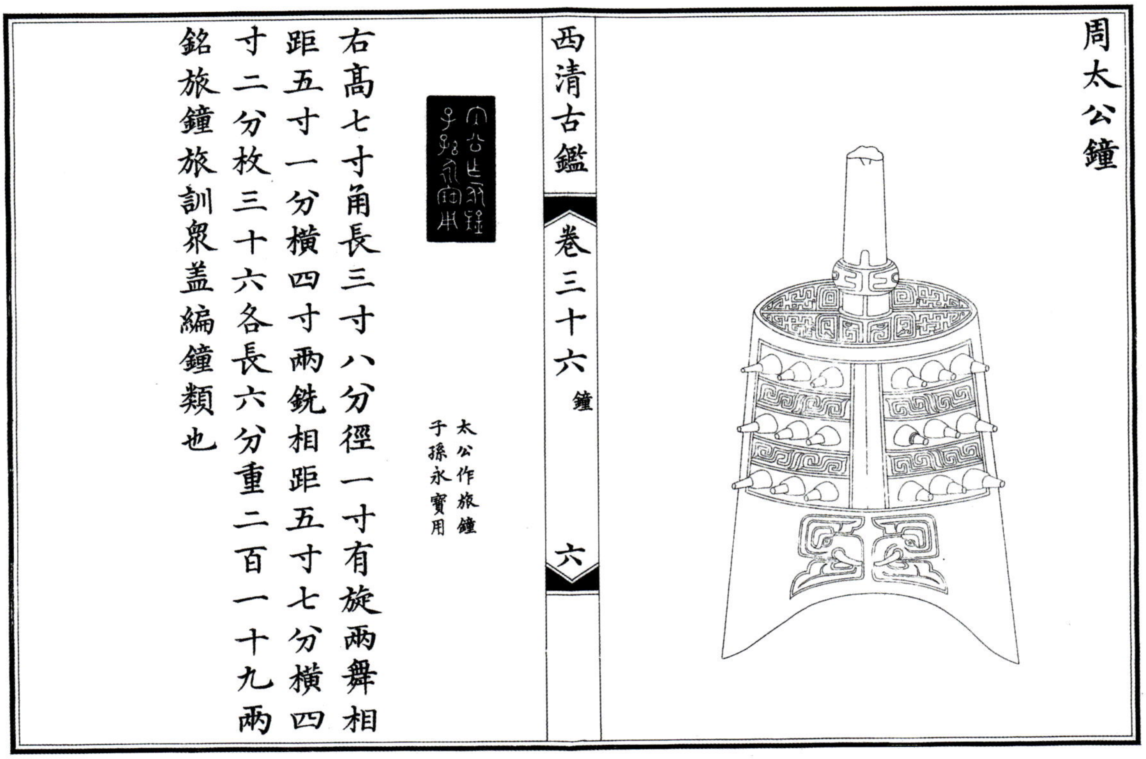
周太公鐘

西清古鑑 卷三十六 鐘 六

太公作旅鐘
子孫永寶用

右高七寸甬長三寸八分徑一寸有旋兩舞相距五寸一分橫四寸兩銑相距五寸七分橫四寸二分枚三十六各長六分重二百一十九兩

銘旅鐘旅訓衆盖編鐘類也

《西清古鉴》收录芮公钟

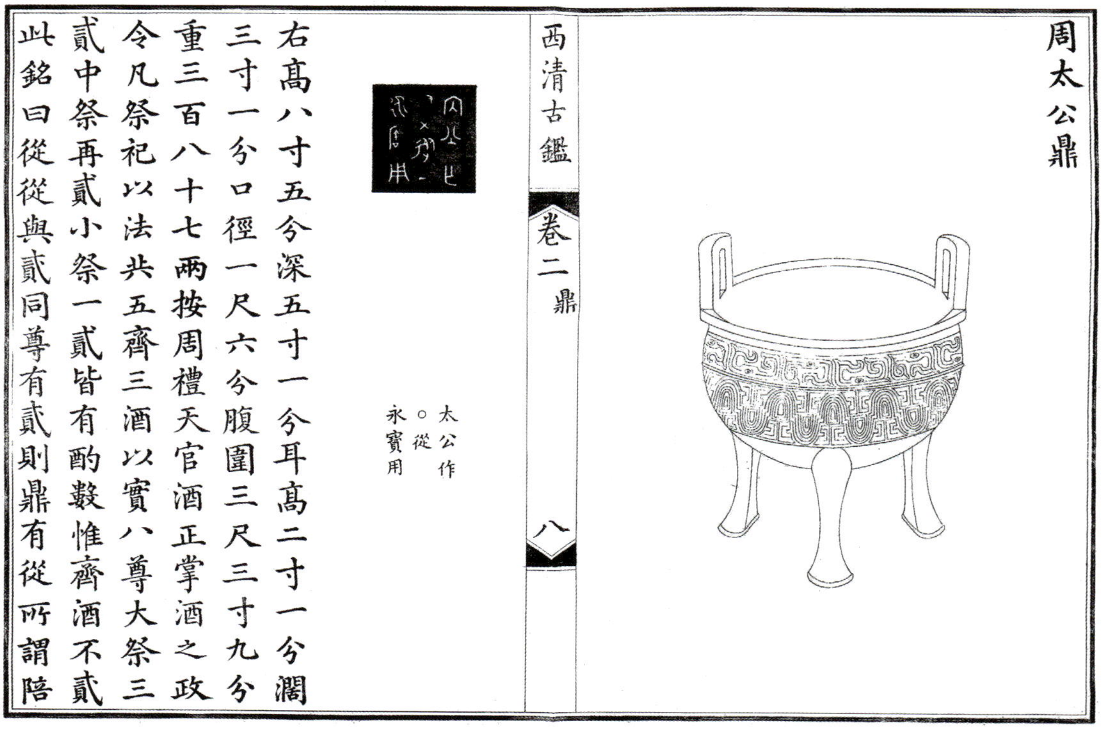
周太公鼎

西清古鑑 卷二 鼎 八

太公作○從永寶用

右高八寸五分深五寸一分耳高二寸一分濶三寸一分口徑一尺六分腹圍三尺三寸九分重三百八十七兩按周禮天官酒正掌酒之政令凡祭祀以法共五齊三酒以實八尊大祭三貳中祭再貳小祭一貳皆有酌數惟齊酒不貳此銘曰從從與貳同尊有貳則鼎有從所謂陪

《西清古鉴》收录芮公鼎

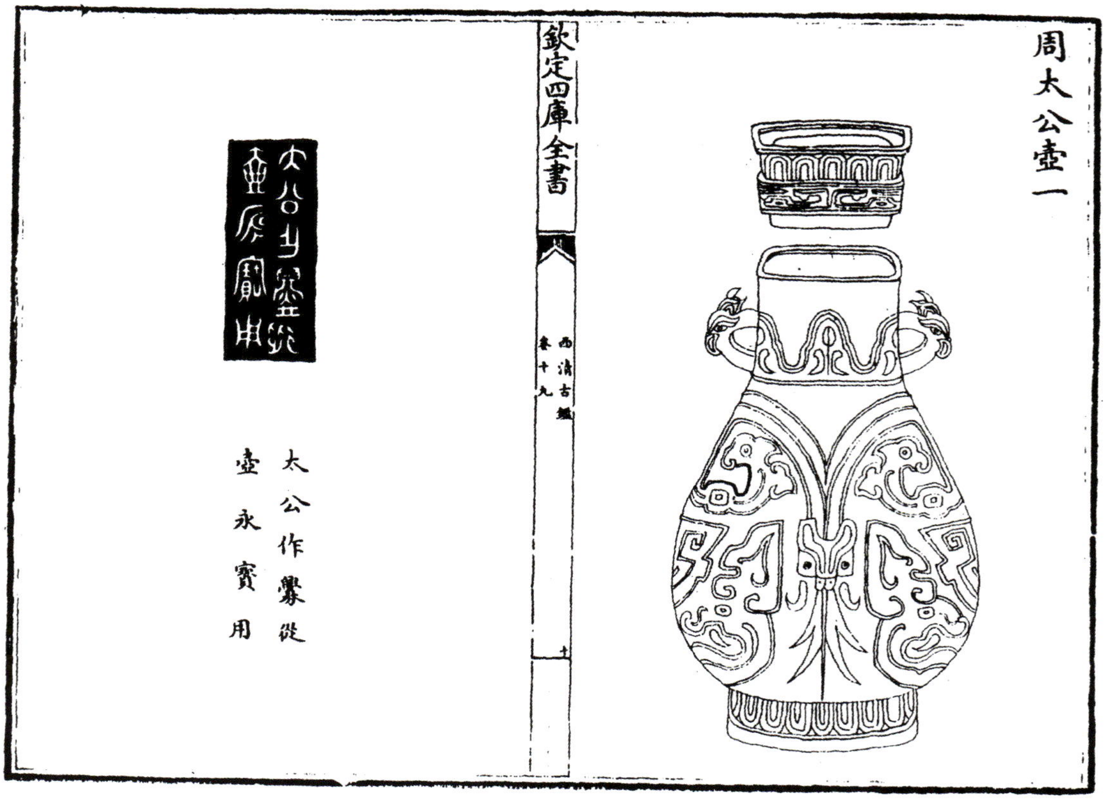
周太公壺一

欽定四庫全書

西清古鑑 卷十九

太公作纍從壺永寶用

《西清古鉴》收录芮公壶一

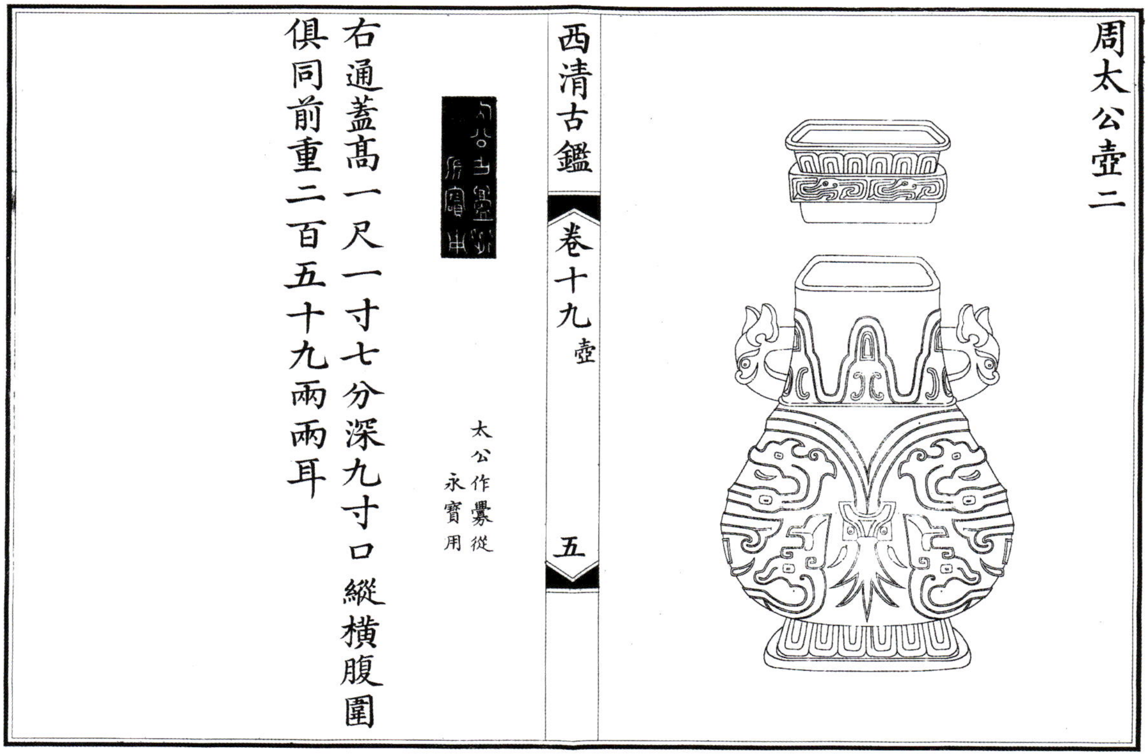
周太公壺二

西清古鑑 卷十九 壺 五

太公作鬻從
永寶用

右通蓋高一尺一寸七分深九寸口縱橫腹圍俱同前重二百五十九兩兩耳

《西清古鉴》收录芮公壶二

周太公敦一

西清古鑑 卷二十七 敦 八

蓋

太公作
鬻從敦
永寶用

右通蓋高六寸八分深三寸七分口徑五寸九分腹圍二尺三寸九分重一百七十一兩兩耳三足篆法太與丙相近此銘或疑為丙然鐘鼎款識載太公簠銘曰太公作鬻寶簠此云太公作鬻從敦書法同故知當為太公

《西清古鉴》收录芮公簠一

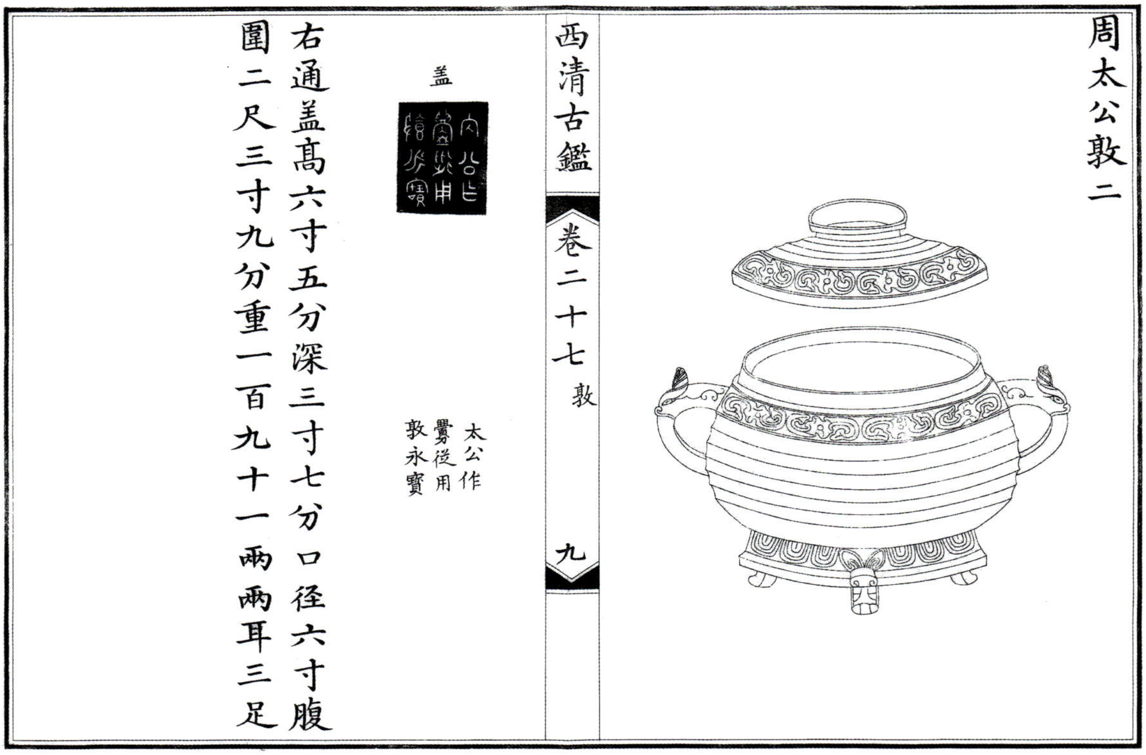

周太公敦二

西清古鑑　卷二十七　敦　九

蓋

太公作
𩰫従用
敦永寶

右通蓋高六寸五分深三寸七分口径六寸腹
圍二尺三寸九分重一百九十一兩兩耳三足

《西清古鉴》收录芮公簋二

周太公鬲

西清古鑑　卷三十一　鬲　二

右高三寸五分深二寸二分口徑四寸六分腹
圍一尺三寸八分重三十二兩三足有太公敦
銘曰太公作𩰫從彝此云太公作𩰫享一時作

《西清古鉴》收录芮公鬲

史载芮国故事

虞芮质厥成，文王蹶厥生。
——《诗·大雅·绵》

芮之名号，文献可上溯到商末的周文王时代。《诗经》就有“虞芮质厥成，文王蹶厥生”；《尚书》《国语》也有西周时期芮君活动的线索，芮君与姬周同姓，并担任过周王室的重要职务；西周至春秋早期的后段，又有一些芮国史事被记载于《左传》《史记》等文献中。至公元前640年，芮国被秦国所灭，从此消失在浩瀚的历史中。

源起殷商，自西徂东

《汉语大字典》中“芮”通“汭”，古芮国产生在水边，从商代末年开始就在大地上繁衍生息。进入商代末期，芮是作为周临近地区的封国之一，著名的“虞芮争讼”故事就发生在此时。

西伯阴行善，诸侯皆来决平。于是虞、芮之人有狱不能决，乃如周。入界，耕者皆让畔，民俗皆让长。虞、芮之人未见西伯，皆惭，相谓曰：“吾所争，周人所耻，何往为，祇取辱耳。”遂还，俱让而去。诸侯闻之，曰：“西伯盖受命之君。”

——《史记·周本纪》

虞芮争讼

西伯暗中做善事，诸侯都来请他裁决争端。当时，虞国人和芮国人发生争执，无法解决，就一起到周国。进入周国境后，发现种田的人都互让田界，人们都非常谦让。虞、芮两国发生争执的人，还没有见到西伯，就觉得惭愧了，都说：“我们所争的，正是人家周国人以为羞耻的，我们还找西伯干什么，只会自讨耻辱罢了。”于是，各自返回，都把田地让出，然后离去。诸侯听说了这件事，都说：“西伯恐怕就是那承受天命的君王。”

王使詹桓伯辞于晋曰："我自夏以后稷，魏、骀、芮、岐、毕，吾西土也。"

——《左传·昭公》

周景王派詹桓伯去谴责晋国："我们在夏代由于后稷的功劳，魏国、骀国、芮国、岐国、毕国是我们西部的领土。"

畿辅屏藩，桑柔恤民

周代建立以后，不论在传世史籍上，还是在铜器铭文中，古芮国多是作为西周一朝的股肱之国出现，作《旅巢命》的芮伯，作为托孤大臣的芮公，还有著名的谏臣芮良夫，纵观西周一代，在周王朝东迁、治世的过程中，文献中的各个芮伯都是不可磨灭的治世良臣。

厉王即位三十年，好利，近荣夷公。大夫芮良夫谏厉王，曰："王室其将卑乎？夫荣公好专利而不知大难。夫利，百物之所生也，天地之所载也，而有专之，其害多矣……荣公若用，周必败也。"厉王不听，卒以荣公为卿士，用事。王行暴虐侈傲，国人谤王……三年乃相与畔，袭厉王，厉王出奔于彘。

——《史记·周本纪》

敕谏厉王

周厉王继承王位后贪图财利，重用擅长敛财的宠臣荣夷公，实行"专利"政策，将山林湖泽改由天子直接控制，不准国人进入谋生，老百姓对此怨声载道。芮伯就此进谏周厉王：作为国王，应当为天下人谋福利。只有国民生活富足，国家才能长治久安；国王只想着占有国民的财富，国民就必将生活困窘，国民没有了生路，国家就必定难以安宁。周厉王对此置若罔闻，最终招致祸乱，客死他乡。

《书序》曰：『巢伯来朝，芮伯作旅巢命。』

孔颖达正义：『巢国，国爵之君，南方远国也，以武王克商，乃慕义来朝，王之卿大夫有芮伯者，陈王威德以命巢君。』

——《尚书·旅巢命》

惟四月哉生魄，王不怿。甲子，王乃洮𩔖水，相被冕服，凭玉几，乃同召太保奭、芮伯、彤伯、毕公、卫侯，毛公、师氏、虎臣、百尹、御事。

——《尚书·顾命》

王出应门之内，太保率西方诸侯，入应门左，毕公率东方诸侯，入应门右……太保暨芮伯咸进，相揖，皆再拜稽首曰……

——《尚书·康王之诰》

厉王悦荣夷公，芮良夫曰：『王室其将卑乎？夫荣公好专利，而不知难……今王学专利，其可乎？匹夫专利，犹谓之盗，王而行之，其归鲜矣，荣公若用，周必败也。』

——《国语·周语》

『芮伯刺厉王也。』笺云：『芮伯畿内诸侯，王卿士也，字良夫。』

——《毛诗注疏》序《桑柔》

芮伯若曰：『予小臣良夫，稽道谋告，天子惟民父母，致厥道，无远不服，无道，左右臣妾乃违。民归于德，德则民戴，否则民雠。兹言允效与前不远。商纣不道，夏桀之虐肆无有家……王不若，专利作威，佐乱进祸，民将弗堪。』

——《逸周书·芮良夫解第六十三》

（穆公）二十年秦灭梁、芮。

——《史记·秦本纪》

伐曲朝雍，终灭于秦

进入春秋争霸时代，芮国在风云激荡的社会环境中不断跌宕前行。梁带村墓葬遗址大部分处于这一时期，从中可以看出芮国在此期间发生了比较大的变化，许多铜礼器的纹饰滞涩、制作粗疏、壶腹容量变小，社会状况已显颓势。不同于西周之际出入周室、位居公卿、聘享诸侯、拒强凌弱的情形，芮国国力至此迅衰，直至春秋中期，灭于秦国东进之途，在春秋时期的风云动荡中，汇入中华民族大一统的历史洪流。

芮伯万之母芮姜恶芮伯之多宠人也，故逐之，出居于魏。

——《左传·桓公三年》

秋，秦师侵芮，败焉，小之也。

冬，王师、秦师围魏，执芮伯以归。注："三年，芮伯出居魏，芮更立君，秦为芮所败，故以芮伯归，将欲纳之。"

——《左传·桓公四年》

（出子）二年，纳芮伯万于芮。

——《史记·秦本纪》

驱逐出境

周桓公三年，芮伯万的母亲芮姜嫌已经为国君的儿子宠幸的人太多，担心他的行为会对国家的治理造成负面影响，为了避免发生不好的事情，狠心将儿子驱逐出境，芮伯万于是住在了魏国。

第二年秋季，秦国攻打芮国，没想到以失败告终，主要原因是秦国轻敌，小看了芮国，认为芮国国君走了，国中无人，应该很容易攻下，结果芮国在芮姜掌管下打了胜仗。

到了冬季，周桓王的军队和秦国军队联合包围了魏国，掳走了芮伯万，也许是出于报复心理将芮伯万作为人质，让其母芮姜为儿子的命运担心。

6年之后，秦人又将芮伯万送回芮国，目的是为了与芮国修好，因为当时秦国出现了内部纠纷，为了避免内外交困的局面，送还了芮伯万。

秋，虢仲、芮伯、梁伯、荀侯、贾伯伐曲沃。

——《左传·桓公九年》

（宰公）八年，侵芮，芮败我。芮伯先出在魏，遂与周师围魏，执芮伯万以归，将纳之。

——《史记·秦本纪》

（德公）元年，初居雍城大郑宫，以牲三百牢祠鄜畤，卜居雍，后子孙饮马于河，梁伯、芮伯来朝。

——《史记·秦本纪》

成公元年梁伯、芮伯来朝。

——《史记·周本纪》

曾经创造过辉煌历史的芮国文化基因，同繁星璀璨的诸国文化一起，通过以秦帝国统一为载体的民族融合，最终汇聚成多姿多彩的中华文明。

芮国，一个始见于殷商的古老国度，由于缺少文献记述，鲜为后人所知。2005 年韩城梁带村一处两周诸侯国墓地的发现，唤醒了这座沉睡了两千多年的古国。

这样一处大型的墓地属于什么性质？从发掘之初的迷茫到后来的确定，经历过一个颇富悬念的过程。

文献记载，韩城一带在周代先后被分封为韩侯国和梁国。前者处于西周初年，与出土文物年代不符，后者与最先发掘的春秋早期大墓 M19 的年代相近，故最初猜想其可能属梁国墓葬，但出土青铜器的铭文却为“芮公”和“芮太子”。

随着 M27 等大墓陆续出土芮铭铜器，又有文献记载芮国曾有南、北两城。南在大荔，北无记载，或即此地，问题由此基本得以解决。这一发现对周代封国以及芮国历史的研究皆有重大价值。

悬念迭起 真相渐白

梁带村里发现的芮国墓地

从盗墓贼到考古队

一次抢救性的保护发掘

2004年，一伙不法分子利用暮色和庄稼作掩护，在村子北边的田地里干起了盗墓的勾当。隆隆的炮声打破了这里恬静安逸的田园生活，一些村民不顾安危，自发组织起来与盗墓贼进行斗争。

是什么引来了盗墓贼的光顾？

这片土地上是否存在着一段不为人知的历史？

2005年3月，陕西省文物局指派陕西省考古研究院前往调查，4月，由陕西省、渭南市和韩城市三级文物部门组队驻村，在黄河之滨的梁带村一带开展了长达5年的考古勘探和发掘工作，取得了惊人发现，使丰富而完好的芮国文化遗存展现于世人面前。

畿辅重地，遗存丰厚

陕西关中地区，作为周秦汉唐等盛世王朝的畿辅重地，历史积淀之厚重，绝非他地可比。韩城，滨黄河之西，处梁山之阳，古称“龙门”“夏阳”“少梁”。西周初年，武王之子封侯于韩原，筑城以治，称韩侯国。从此，韩城始有建制，西周春秋以降，直至近现代，先民们在历史长河中都留下了丰富多彩、弥足珍贵的文化遗产，有“关中文物最韩城”的美誉。

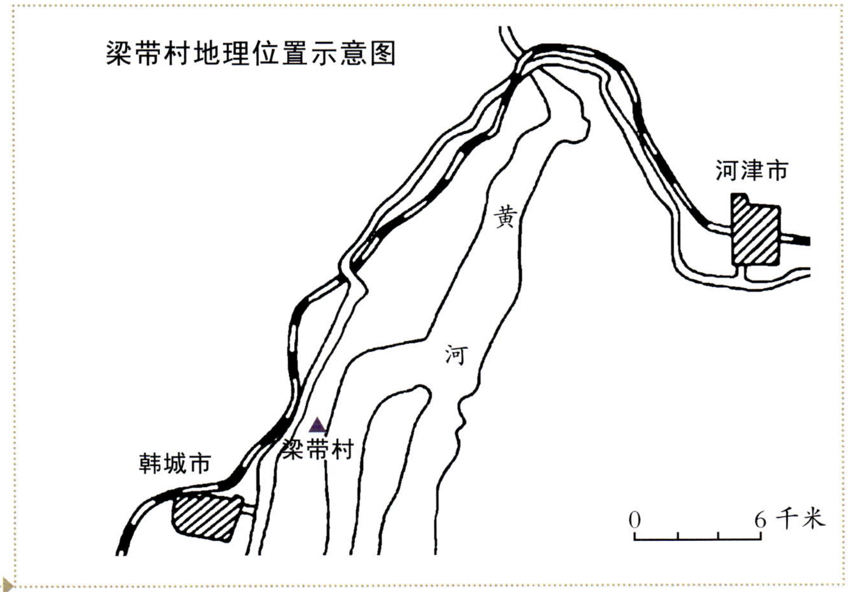

紧急行动，抽样勘探

2004 年 8 月，一声巨响打破了梁带村昔日的宁静，次日，农田中多出的坑洞和青铜器引起了当地居民的警觉。公安部门调查后发现，梁带村村北一带几万平方米的范围内有十余个盗洞。陕西省考古研究院及渭南市、韩城市的文物部门共同组成的考古队随即进驻梁带村。

2004 年 12 月，渭南市文物保护考古研究所在村北的农田中进行了小范围的勘探，从文物部门收缴的铜鱼、陶珠分析，墓地的年代可能属于春秋时期。2005 年 4 月到 7 月下旬，考古工作者在梁带村进行了第一次大规模勘探，同时对墓地的范围进行了调查走访和抽样勘探，初步确定墓地东西长约 600 米，南北宽约 550 米，总面积约 33 万平方米。

从M3更名为K1

一座车马坑的明确指引

2005年，考古人员对梁带村墓葬群进行试掘，试掘过程中发现原本被认为是墓葬的M3实为车马坑，编号改为K1。K1的出现意味着周边会有规格较高的墓葬存在。

梁带村墓葬群里为什么会出现较高规格的墓葬？

它又在何方呢？

试掘墓葬，惊现车马

考古人员在抽样勘探过程中发现了3处古墓葬，编号为M1、M2和M3。在对M3的试掘过程中，未见夯打现象，这与以往在周原地区发掘的周代大、中型墓葬有所不符，初步怀疑为车马坑。而随着车轮和青铜车轭的清出，确定M3为车马坑无疑，编号亦改为K1。

K1发掘图

K1 出土的毂饰

K1 出土的轭首

K1 出土的轭足

扩大勘探，终现大墓

车马坑的发现，表明周边一定有大中型墓葬，考古人员围绕K1做了大范围勘探后，发现遗址范围内墓葬相当密集，方向几乎全是南北向或东北—西南走向。而在之后的勘探中，共发现大、中、小墓葬达1300多座。带墓道的大墓8座，垮塌1座，墓葬长度超过3.5米的中型墓葬有160余座，车马坑64座。

北
M560
M300
M502
M586
M27
M19
M26
M28

秦仲有功，周平王封其少子康于夏阳梁山。

——《通志·氏族略》

临晋，故大荔，秦获之，更名。有河水祠。芮乡，故芮国，莽曰临晋。

——《汉书·地理志》

从梁地出土了芮器

一个不寻常的意外收获

史载周平王因追念秦仲有功，将他的小儿子公子康封于夏阳，夏阳即韩城，古属梁地。

考古人员在向东勘探的过程中提取到墓地土样中有均匀的朱砂和细小的铜片，确定该处有一座保存较好的带墓道的大型墓葬，编号 M19。

在对 M19 的清理过程中发现了带“芮”字铭文的青铜器，并未发现任何关于梁的线索。

古梁地的墓葬中为何会出现“芮”器？

梁带村墓葬群与“芮”有着怎样的关系呢？

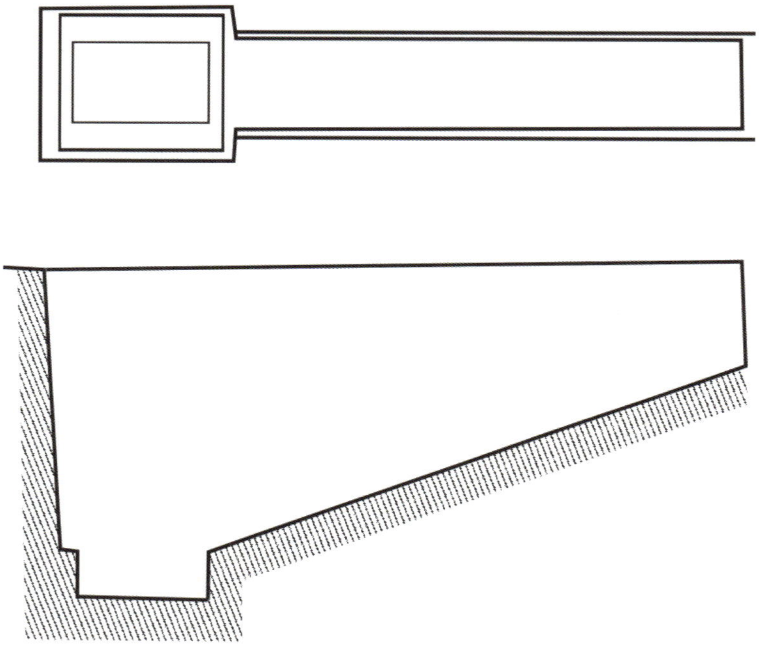

M19 平、剖面图

十九号墓葬

M19 位于墓地东南部，与 M26、M27 并排埋葬。M19 墓室正东 13 米为“甲”字形大墓 M26 之墓室，再向东 4 米为 M27，即 M19 相距 M27 为 17 米。西距车马坑 K1 为 67 米。

M19 是梁带村墓地所发掘的第一座“甲”字形大墓，为单墓道长方形竖穴土坑墓，长方形斜坡墓道接于墓室南部，墓道口长 26 米，墓道宽 3.77 米。墓道收分明显，呈口大底小状。

墓室为长方形土坑竖穴，墓底长 5.73 米，宽 4.7 米，墓底距地表 12 米。葬具为一椁两棺。

M19 随葬器物丰富，主要分布于棺椁之间和内棺内。外棺顶板中部放置一件玉戈；部分随葬青铜礼器、车器、马器、玉器、漆木器置于外棺与椁之间；在外棺西北角放置 6 件天然海螺；内棺仅发现玉器和象牙器具两种，玉器均为墓主生前实用器，绝大多数佩戴于墓主头部、颈部、肘部、腕部、手掌和脚踝部。

玉戈（M19：146）

M19 椁室

M19 青铜礼器

M19 出土的青铜礼器共 18 件，分为鼎、鬲、甗、簋、方壶、盘、盉、盖盆 8 种。

鼎

鼎一共出土 4 件，均为实用器，但使用痕迹不明显。依器物腹部形态的不同，可分为圆腹鼎和坠腹鼎两种。其中圆腹鼎 3 件，形制、纹样相同，大小依次递增或递减，为列鼎，最大的通高 23.5 厘米，最小的通高 19.2 厘米。坠腹鼎 1 件，腹部下坠，圆底，通高 26.5 厘米。

圆腹鼎（由左至右 M19：185、184、186）

圆腹鼎（M19：186）拓片

鼎口沿下饰一周“S”形无目窃曲纹，腹部饰两周垂鳞纹，在两种纹样之间有一道凸弦纹，耳的外侧面饰有双阴线纹。

坠腹鼎（M19：187）

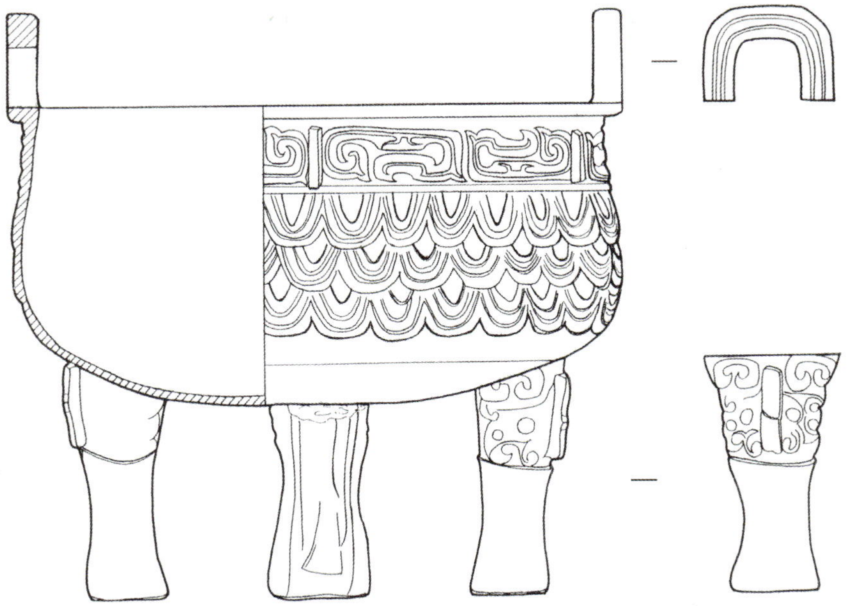

坠腹鼎（M19：187）线图

坠腹鼎（M19：187）底部范线

鼎口沿下铸有6条纵向扉棱，扉棱间各饰一组“S”形窃曲纹，腹部饰3周垂鳞纹，在两种纹样之间界以一道凸弦纹。耳的外侧面饰有双阴线，足根部饰兽面，兽面正中各凸出一扉棱。

簋

M19中出土了4件簋，形制、纹样相同，大小、重量略有差异，最高的（M19：189）通高21.6厘米，其余3件（M19：188、190、191）通高均为20.6厘米。皆有盖，盖面上隆，顶有喇叭形握手，鼓腹略微下垂，近平底，腹两侧附龙首形双耳，龙长舌向下、向内弯曲呈半环形，角呈螺旋状，圈足下承三矮扁支足。

M19：190线图

M19：190 拓片

鬲

M19 共出土鬲 4 件，形制、纹样相同，大小相若。

这 4 件鬲皆有铭文，在鬲的口沿沿面上铸有铭文一周，而铭文的内容、排列方向、字体及器物重量则有所差异，字数也略有差异。按照铭文中的作器者不同，可分为芮公鬲和芮太子鬲。

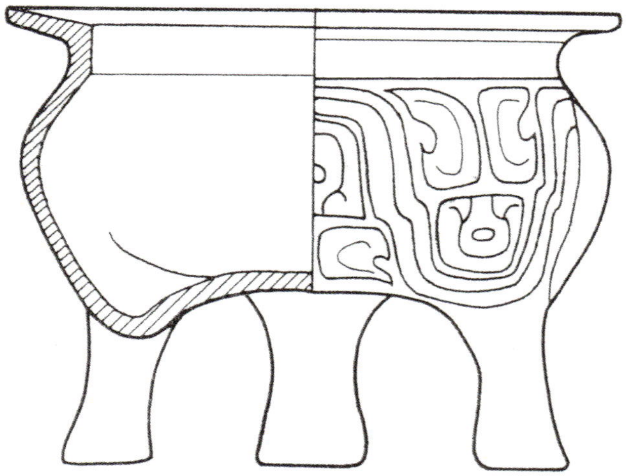

芮公鬲（M19：261）线图

芮太子鬲（M19：258、259、260），3 件，最大的通高 12 厘米，最小的通高 11.7 厘米。口沿处铭文均为 14 个字，其中重文 2 个。铭文内容、排列方向、字体有所差异。

芮太子鬲（M19：259）铭文拓片

内（芮）大（太）子作铸鬲子子孙孙永宝用享

芮太子鬲（M19：260）铭文拓片

内（芮）大（太）子作铸鬲子子孙孙永宝用享

芮太子鬲（M19：258）铭文及拓片

内（芮）大（太）子作铸鬲子子孙孙永宝用享

芮公鬲（M19：261），1 件，通高 11.8 厘米，按顺时针方向铸有铭文一周 13 个字，其中重文 2 个。

芮公鬲（M19：261）铭文及拓片

内（芮）公作铸鬲子子孙孙永宝用享

青铜盉

青铜盉（M19：195），长方形盖向上凸起，顶部有凤鸟形握手，凤鸟圆目直视前方，鸟冠稍高，身作蹲踞状，短尾平直。器口为长方形母口，方唇，短束颈，腹腔呈侧置的椭圆扁鼓形，前有圆管状直流，流口下斜，后有龙首吐舌下弯成半环形的器鋬，低矮方圈足。身躯两侧下部均有一孔。盖顶鸟身用阴线纹勾画翅膀，胸部及背部饰鳞状羽纹，腹腔正背面均饰凤鸟纹，圆目，长喙，高冠，长尾，身饰羽纹。通高 19 厘米，重 2.175 千克。

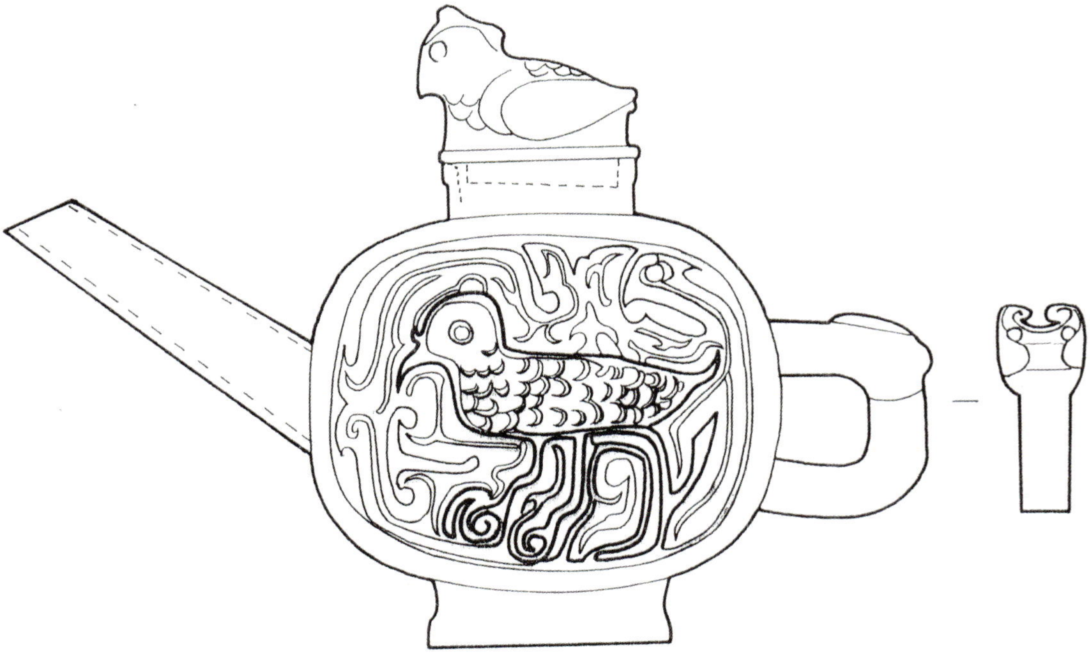

青铜盉线图及背面拓片

青铜盘

青铜盘（M19：194），敞口，窄平折沿，方唇，浅腹，附耳，近平底，高圈足。腹部饰一周“S”形窃曲纹，圈足部饰一周垂鳞纹。通高 12.7 厘米，重 3.225 千克。

青铜盘线图及拓片

牌、佩、玛瑙珠组合项饰

这一组项饰共74件（颗），复原后周长65厘米。出土时位于墓主颈部，应为墓主项饰。组佩饰由龙形佩、虎形佩、长方形牌与玛瑙珠分两排串联而成。出土时龙形佩、虎形佩与1颗玛瑙珠打结连接，佩于颈后。

玉牌（M19：226）正面及拓片

玉牌（M19：226）背面及拓片

龙形佩（M19：240）正面及拓片

长3.1厘米，宽2.6厘米，厚0.5厘米。由青玉制成，豆青色，大部有黄褐色沁斑，玉质细腻，微透明。扁平体，正面饰屈体龙纹，圆目，长舌，翘鼻，尖角。龙尾处琢杏仁目及龙口，表明尚存一龙。背面平整素面。中部钻一圆穿孔。

组合右臂饰

组合右臂饰，共63件（颗），出土于墓主人右臂部，由1件玉饰、3件玉泡与58颗玛瑙珠、1件玛瑙管串联组成，复原后周长为35厘米。

组合左右腕饰

组合左腕饰，共62件（颗），出土于墓主人左手腕部，由玉鸟、玉贝和玉蚕与玛瑙珠（管）分两周间隔串联而成，复原后周长为30厘米。组合右腕饰，共125件（颗），出土于墓主人右手腕部，由1件玉鸟、4件玉贝与120颗玛瑙珠分为两周间隔串联而成，复原后周长为40厘米。

组合项饰

组合项饰，共 131 件（颗），出土时位于墓主颈部，以出土位置和排列状况分析，应为墓主项饰。该项链由玛瑙珠与玉管双排串联组成，玉管之间分别有 6 至 7 颗玛瑙间隔，复原后周长为 60 厘米。

玉玦

玉玦，出土于墓主头部两侧，共出土4件，两两成对，为耳饰。

M19：224与M19：233成对，两者形状、大小、纹饰相同。青白玉，冰清色，局部受沁有棕黄色斑点，背面白化严重，玉质细腻晶润，半透明。玦孔周与周边同心，孔壁厚而直，周边薄厚均匀，一侧均有缺口。正面饰双首缠尾龙纹，龙首隔缺口对视，椭圆形目，卷鼻张口，双尾交缠，龙背处有对称椭圆形目，背面平素。直径3.4厘米，孔径1厘米，厚0.5厘米。

M19： 224

M19：233

M19：225 与 M19：230 成对，体形较大，两者形状、大小、纹饰相同。青白玉，冰清色，局部受沁，玉质细腻润泽，半透明。玦孔周与周边同心，孔壁厚而直，周边薄厚均匀，一侧均有缺口。双面工，纹样相同，均饰双首缠尾龙纹，龙首隔缺口对视，椭圆形目，卷鼻张口，双尾交缠，龙背有对称椭圆形目。直径 4.1 厘米，孔径 1.3 厘米，厚 0.4 厘米。

M19： 225　　M19： 230

脚踝饰玉

脚踝饰玉，共6件，出土于墓主左右脚踝处，分为玉玦、牛首饰、蚕形佩、兽面牌4种。

左脚踝饰玉共3件，由玉玦（M19：203）、蚕形佩（M19：202）和兽面牌（M19：204）组成。

右脚踝饰玉共3件，由玉玦（M19：200）、牛首饰（M19：201）和蚕形佩（M19：199）组成。

发笄

发笄（M19：198），出土于墓主头部。受沁呈土黄色，玉质不明。圆弧形，一侧雕有扉棱，另一侧齐平。一端近圆形，成斜面，并对钻有 3 组牛鼻穿，另一端平齐，并对钻有 2 组牛鼻穿。正面残留有早期琢制的兽面纹，其余大部区域阴刻 2 条交尾龙纹，背面琢有兽面纹。长 5.9 厘米，宽 1.9 厘米，厚 0.8 厘米。

南区的4座带墓道的国君级墓葬中出土了大量青铜礼乐器，证明芮国虽为小国，却遵从周礼，大行礼乐文化，俨然一个名副其实的礼乐邦国。墓葬M27出土的随葬品种类丰富，其中，青铜礼器有与公这一等级身份相对应的七鼎六簋和成套的编钟、编磬，簋上带有“芮公”铭文，由此可判断梁带村周代墓葬群属于芮国，而M27墓主身份应为对周王朝有显赫功勋的芮国诸侯。

按照排列布局来分析，M27与M26、M19并排埋葬，为同茔异穴的夫妻合葬墓，M26墓主和M19墓主依据随葬品的多寡推断，分别为M27墓主的夫人和次夫人。M28的年代稍晚于其他3座墓葬。

钟鼎齐备 礼乐俨然

诸侯之制埋葬的芮国君主

桓公

一代位尊权重的显赫芮公

M27 为一座带有两条墓道的“中”字形大墓。西周时期，两条墓道是除周天子外，对周王朝有显赫功勋的诸侯可享用的最高等级墓葬形制，在以往的两周考古中并不常见，可见 M27 的主人生前地位极为尊贵。

二十七号墓葬

M27 是梁带村所发现的 1300 多座两周墓葬中，唯一一座带有南北两条墓道的大型墓葬。斜坡状墓道接于墓室南北两端，平面呈“中”字形。

南墓道为主墓道，平面呈长方形，墓道口南北长 33.8 米，南端距地表深 1 米，北端距地表深 10.4 米。

北墓道平面呈长方形，上下收分明显，口大底小，东西两壁壁面平整。墓道口长 17.8 米，墓道北端距地表深 1.2 米，墓道南端距地表深 10.2 米。

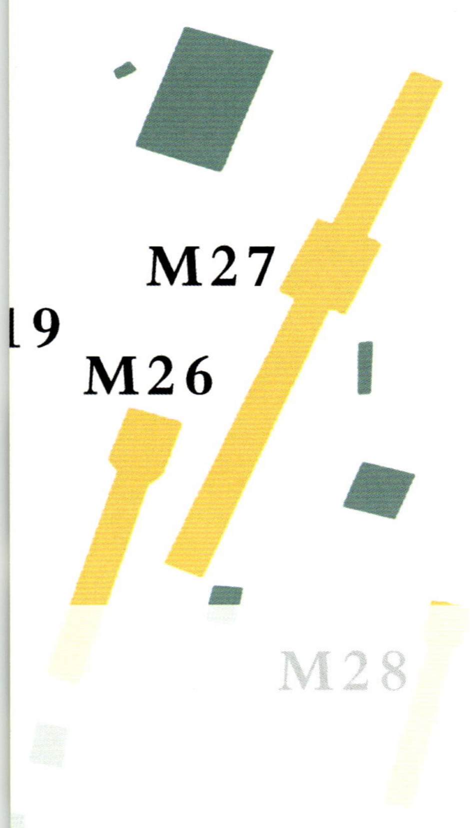

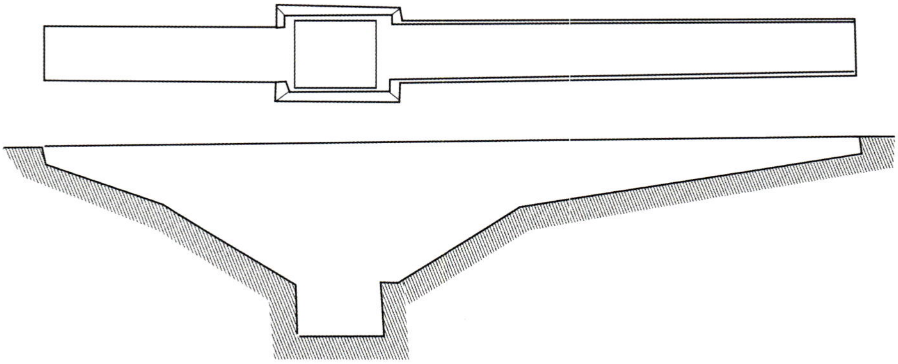

M27 平、剖面图

随葬器物的位置

M27 葬具为一椁两棺，随葬器物十分丰富，数量大，种类多，遍及椁室和棺内。在墓室填土中出土玉器 22 件，多为残件，且器形较小，只有 1 件玉瑗完整；椁室四壁悬挂数量众多的由玛瑙珠、陶珠、海贝组成的串饰，大多散落，只有在椁室北壁发现了保存较好的串饰；在棺罩上面及其四周散置大量的穿孔的铜鱼、铜铃、玛瑙珠、陶珠、海贝等器物；外棺盖板北端放置 1 件玉戈，8 件青铜翣叠压置于棺顶板中部；在棺椁之间放置了大量的青铜礼器、乐器、兵器、车马器、玉石器、工具、用具、漆木器、骨蚌器等；棺内主要随葬金器和玉器两大类，同时还有少量的铁器和铜器。

在内棺之下、外棺之上放置有两件砺石。在外棺之下、椁底板之上随葬有 1 件“弄器”铜罐，工具和用具类的铜锤、铜斧、铜锛、铜凿。在椁底板之下的小坑内发现柄型玉器 1 件。

M27 发掘现场

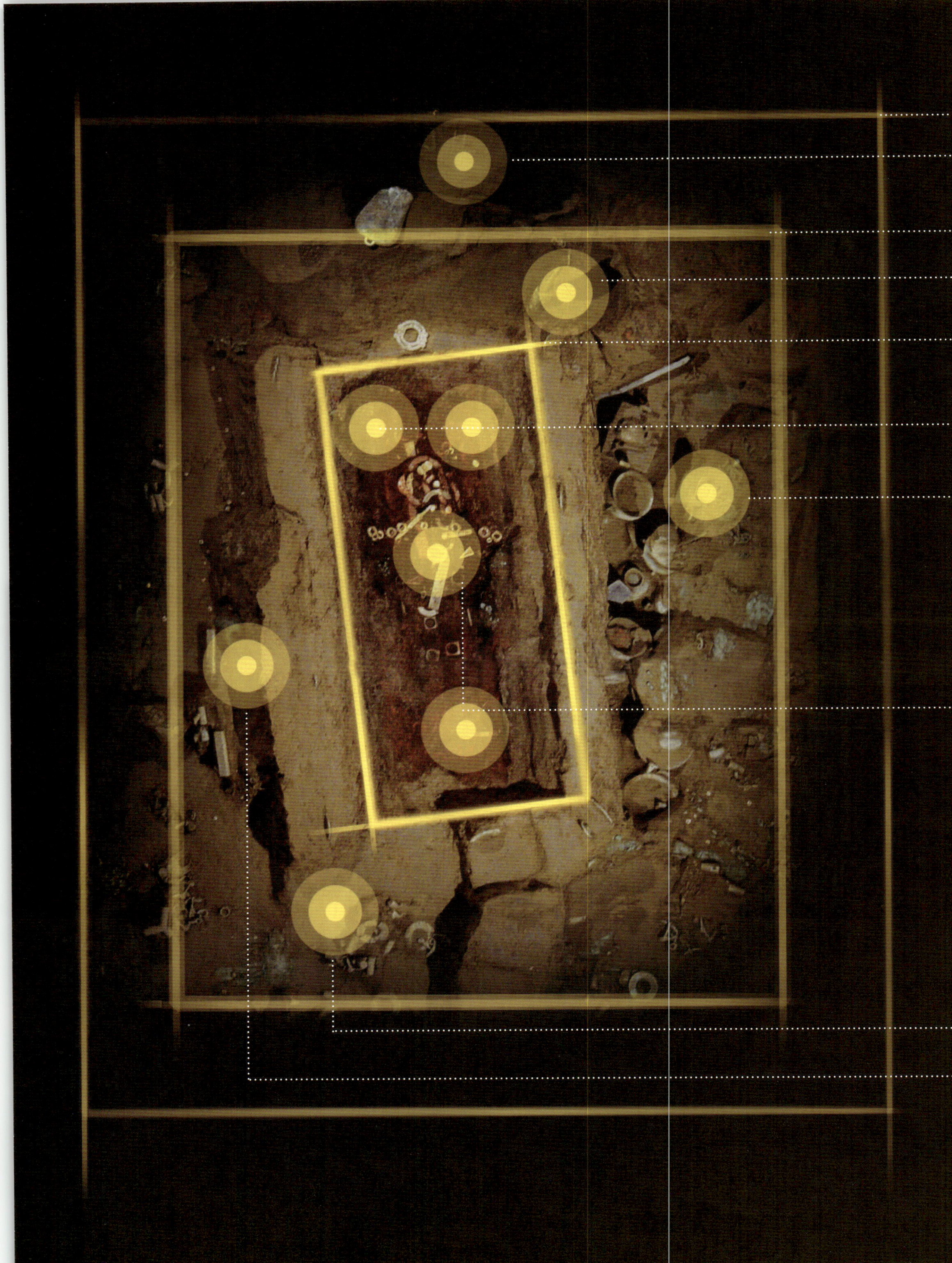

椁室四周

棺椁之间

串饰

编钟、錞于、三角铜戈

内棺之内

削、戈

青铜鼎、簋

金器和玉器

漆几遗迹

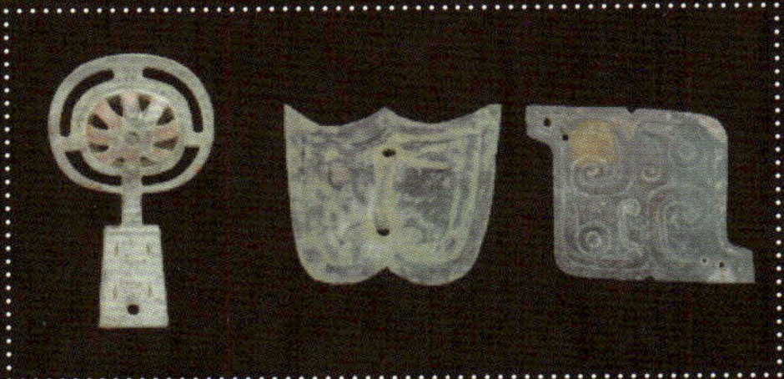

车马器、铜甲胄片

M27 层次关系结构图

M27 墓主身份

M27 是梁带村遗址截至目前发现的唯一的“中”字形大墓，带有南北两条墓道，大墓总长达 60 米。

M27 的随葬品种类之全、数量之多，显示其生前必有非凡的政治地位。青铜礼乐器七鼎六簋、八钟十磬，礼玉有大型戈（商代，显然是周王室的赏赐）、璧、琮、璜、圭等，尤为称奇的是，墓主以金腰带佩饰为标志性的金器多达 48 件，这是目前全国出土金器最多的单个商周墓葬。

另外，从铜器铭文看，M27 出土的 6 件列簋，均铸有铭文“芮公作为旅簋”，很明确这是芮公本人的自作器。按照古代公、侯、伯、子、男五等爵的等级排位，公的身份地位仅次于天子，遵礼制，与公这一等级身份相对应的是七鼎六簋。

凡此皆说明墓主肯定为一代芮国国君无疑。

M26 出土的铭文为“仲姜作为桓公尊鼎（簋、甗、壶）”的诸器表明，这些器物是仲姜为夫君芮桓公作的祭器。

由此推断，M27 墓主人就是芮桓公。

器铭（M27：1007）

器铭（M27：1008）

钟鸣鼎食的侯伯

在 27 号大墓中，仅出土的高等级青铜礼器就有 20 多件，大量的青铜器陪葬品已充分显示了墓主人的身份和地位。从 27 号大墓中出土的大量青铜礼乐器不难看出，墓主人生前一定过着高贵而奢华的生活，出土的乐器有鼓、钲、錞于和成套的石编磬、青铜编钟，更为珍贵的是，27 号墓中出土的漆木建鼓和青铜錞于均为目前中国发现最早的礼乐器。

M27 出土的青铜礼器有：鼎 7 件、簋 7 件、方壶 2 件、甗 1 件、盖尊 1 件、提梁卣 1 件、铜盘 1 件、铜盉 1 件、角 1 件、觚 1 件、贯耳罐 1 件、盖盆 1 件。

铜鼎（M27：1002）线图

青铜鼎（由左至右 M27：1000、1002、1003、1009、1006、1010、1011）

青铜鼎

M27 共出土 7 件列鼎，共重 63.74 千克，最大的鼎（M27：1000）通高 32 厘米，最小的鼎（M27：1011）通高 22.6 厘米。除 M27：1000 处于椁室南端外，其余 6 件鼎均处于椁室东侧。形制、纹样相同，大小依次递增或递减。

铜鼎（M27：1000）

簋

带盖簋共6件，形状、纹样、大小、铭文铸造部位、款式、内容基本相同，唯重量略有差异，通高23.6厘米。有盖，盖面上隆，顶有喇叭形握手，鼓腹略微下垂，平底，腹两侧附兽首形双耳，兽耳呈螺旋状，兽长舌向下向内弯曲呈半环形，圈足下承三矮扁支足。

簋（M27：1013）线图

青铜簋（由左至右M27：1007、1008、1012、1013、1015、1023）

盖铭（M27：1013）

器铭（M27：1013）

器盖握手内逆时针铸一周铭文，器身自右向左亦铸铭，内容均为“芮公作为旅簋”6个字。

坠腹簋

坠腹簋（M27：1017），敞口斜卷沿，方唇，鼓腹略微下垂，平底，腹两侧附兽首形双耳，兽长舌向下、向内弯曲呈半环形，浅圈足。口沿下饰一周凸圆目凤鸟纹，纹样间对称饰两个兽面纹，其下饰一道凸弦纹。两耳侧面饰重环纹，圈足一周饰斜角目云纹。通高 14.8 厘米，重 4.25 千克。

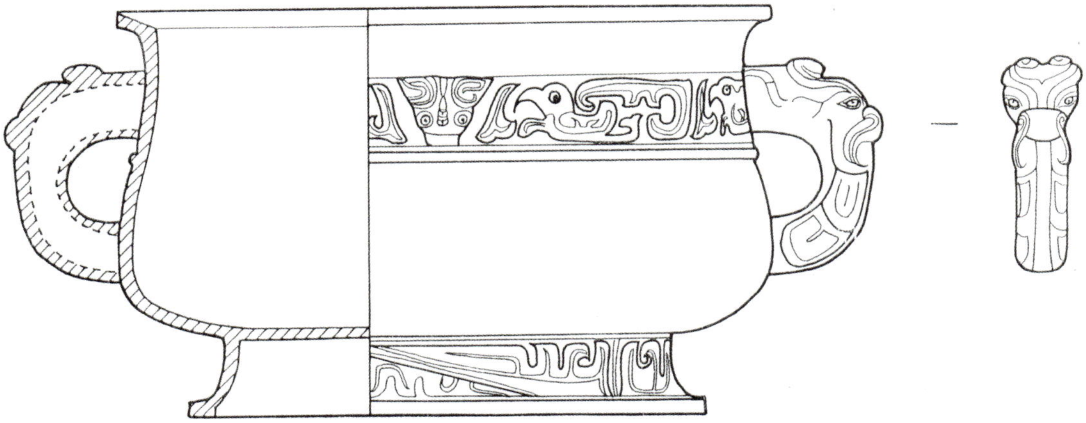

坠腹簋拓片和线图

M27：1016

M27：1001

方壶

方壶，2 件，形制、纹样、大小基本相同，重量略有差异。

上有盖，盖顶有圆角长方形握手，深子口。器身为母口略外敞，方唇，长颈，颈部附一对兽首翘鼻耳，兽舌下弯衔一圆形扁体环，垂腹，平底，高圈足。

方壶（M27：1001），位于椁室南端。通高 48.8 厘米，口长 16.8 厘米，口宽 12.3 厘米，腹长 27.6 厘米，腹宽 17.7 厘米，圈足长 22.8 厘米，圈足宽 17.8 厘米，腹深 35.6 厘米，盖高 11.4 厘米，重 14.1 千克。

方壶（M27：1016），位于椁室东侧。通高 48.8 厘米，口长 17 厘米，口宽 12.1 厘米，腹长 27.6 厘米，腹宽 17.7 厘米，圈足长 22.8 厘米，圈足宽 17.8 厘米，腹深 35.6 厘米，盖高 11.4 厘米，重 13.17 千克。

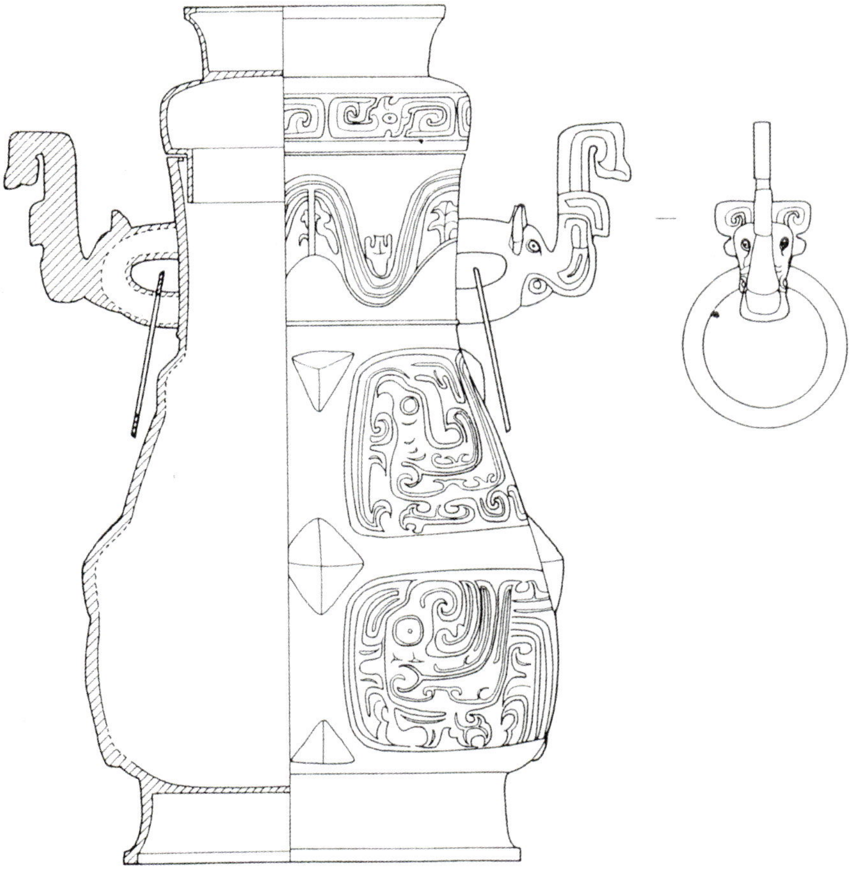

方壶（M27：1016）线图

方壶（M27：1016）腹上部

方壶（M27：1016）腹下部

方壶（M27：1016）

甗

甗（M27：1022），上甑下鬲连体，甑口呈长方形，直敞口，斜方唇，两侧口沿上有一对立耳，腹壁斜直下收，底部有活动箅，箅上有3排3行长条形箅孔。鬲体，长方形口，平折沿，短束颈鼓腹，四等分，连裆凹底，裆线连于腰际，四蹄足。甑体口沿下饰“S”形平目窃曲纹，腹部饰一周波带纹。鬲素面，为实用器。四范合铸而成，底部范棱呈弧面矩形，凸起明显。四袋足上部还保留少量范痕。四袋足底部都有较明显的浇（冒）口痕迹，现留有长条形凸起。

通高46.8厘米。甑口长33.2厘米，宽29厘米，甑高27.6厘米，腹深20.4厘米；鬲高19.2厘米，腹深13厘米。箅子长22.6厘米，宽18.4厘米，重665克。

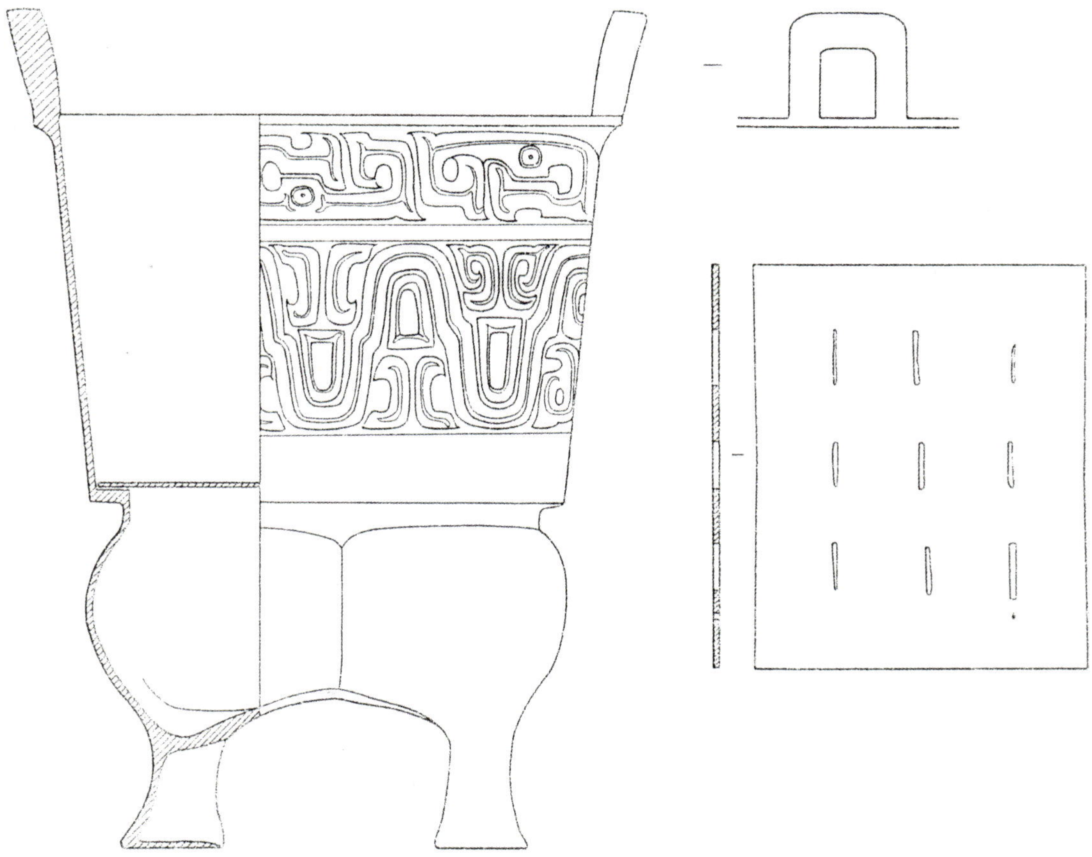

甗线图

盖尊

盖尊（M27：1014），出土时铜尊上扣合尊盖，盖呈覆斗形，顶面有 4 条凸棱，4 条凸棱间各铸有 12 道阴线，每个口沿凸棱上各竖 1 条圭形饰，其两面各有 3 道阴刻线，上部有一芽状凸饰，顶部分瓣向下呈钩状。盖高 27.8 厘米，盖中央圭饰高 19.4 厘米。

尊体通高 60 厘米，大敞口，深腹，腹中部圆鼓，高圈足。口部、腹部与圈足部分分界明显。从口沿部向下至圈足上部，由 4 道间断纵向扉棱将其分成 4 部分。口部每部分由 3 条夔龙纹组成，圆目卷尾。中部有 1 条变体龙纹，底衬云雷纹，底座部分有 1 条突目卷尾龙纹，与相邻部分分别组成 6 组兽面纹。

盖尊腹部

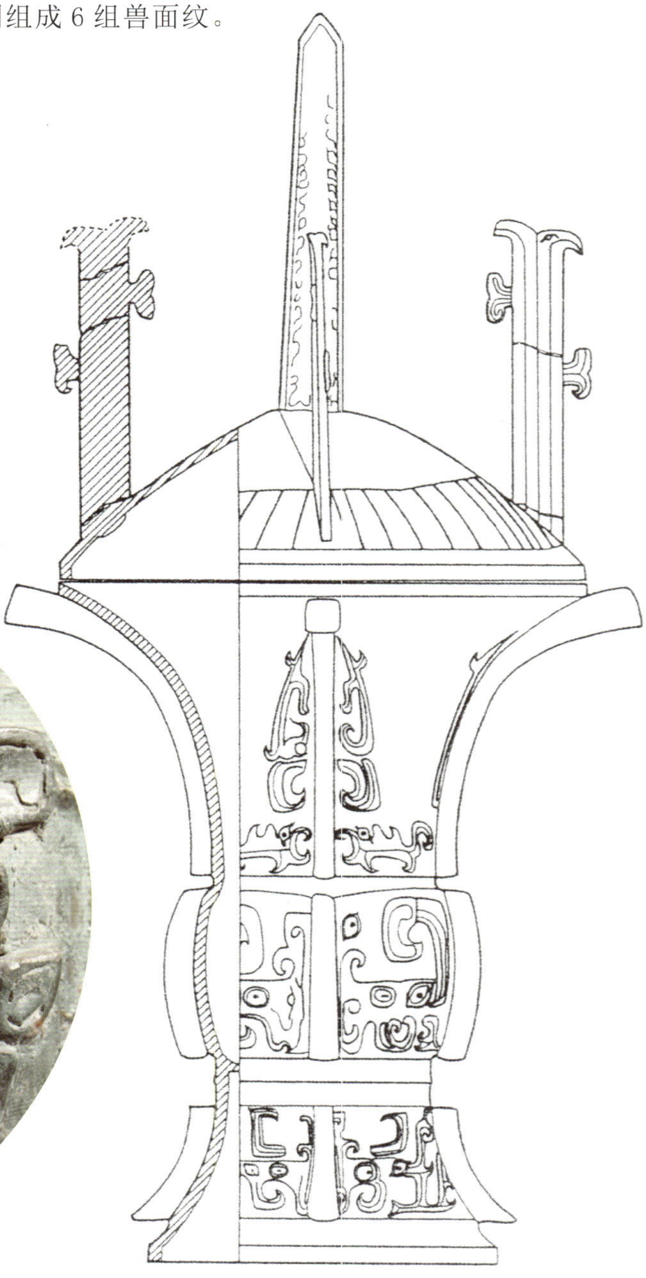

盖尊线图

提梁卣

提梁卣（M27：1021），长颈，颈部附一对环形长方耳，两耳套接一倒“U”形宽带状提梁，椭圆形垂腹，平底，高圈足。盖顶铸十字形扉棱，并有两侧沿兽耳状扉棱及腹部至圈足部扉棱与之对应。盖顶中部有一瓜状钮，深母口。盖顶与腹部均饰四组穗状冠凤鸟纹，提梁端部作兽首状，梁表面饰夔龙纹，盖缘与器口外沿及圈足一周均饰四组夔龙纹。通高32.8厘米，重6.295千克。

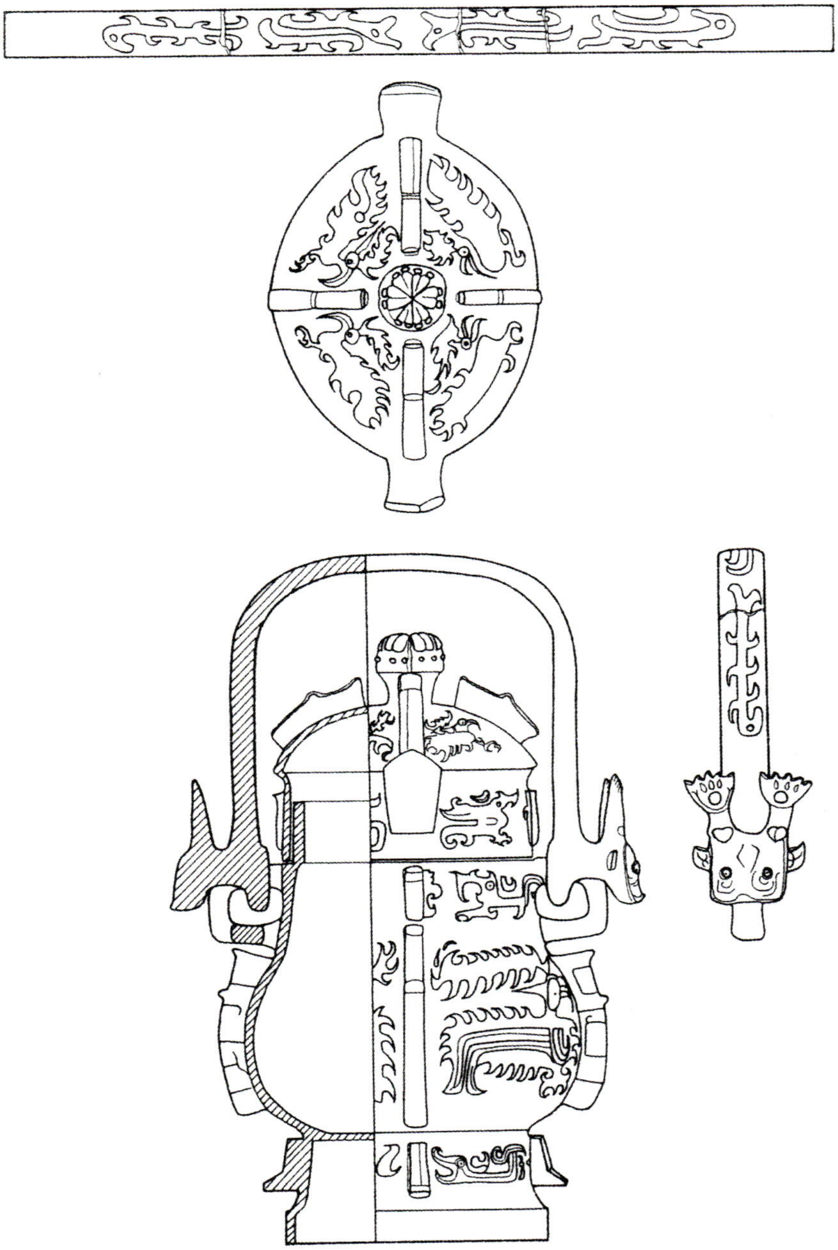

提梁卣线图

提梁卣盖顶局部

提梁卣提梁局部

提梁卣腹部局部

铜盘

铜盘（M27：1004），敞口，窄平折沿，方唇，浅腹，兽首附耳，近平底，圈足较高，下附3个矮支足。腹部饰一周平目窃曲纹。两对视卷体兽首作附耳，口衔于盘口，头顶生一对“Y”形角，侧下一对立耳。圈足下端略有残损，支足足根饰兽面纹。通高16.8厘米，口径36.4厘米，圈足径29.5厘米，腹深6厘米，重7.05千克。

铜盉

铜盉（M27：1005），出土时置于铜盘之内。有盖，盖呈长方形向上凸起，顶部有鸟形握手，直视前方，两道羽冠高耸，身作蹲踞状，短尾平直，子口。器口为长方形母口，直唇，短颈，腹腔呈侧置的椭圆扁鼓形，前有长管状直流，流口上斜，后有兽首吐舌下弯成半环形的器鋬，高方圈足。盖顶鸟身两侧凸翅卷曲并拢，上饰阴线羽纹，背部及颈部饰鳞状羽纹；腹腔正背面边缘部均饰一周重环纹，腹腔上器口及器鋬两侧面均饰重环纹。流管两侧面铸有两两对称的长条状镂孔。通高 24.8 厘米，通长 31.2 厘米，口长 6.4 厘米，口宽 4.6 厘米，腔体厚 6.2 厘米，重 3.42 千克。

角

角（M27：1020），窄流，短尾，圆桶状腹，腹侧有一兽首吐舌下弯成半环形的器鋬，圆底，三棱形足。与器鋬对称的腹侧饰一凸兽面，流与腹外表均饰兽面纹，且纹样间饰卷云雷纹。

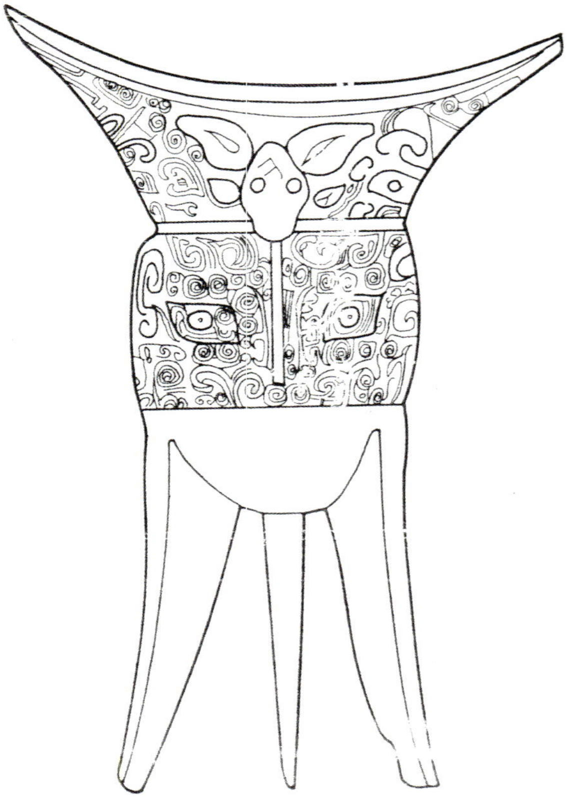

觚

觚（M27：1019），喇叭状敞口，器身瘦长，细腰，高圈足，通体素面。出土时器内套装一圆锥状铜器，并在其中插一圆锥状木塞。

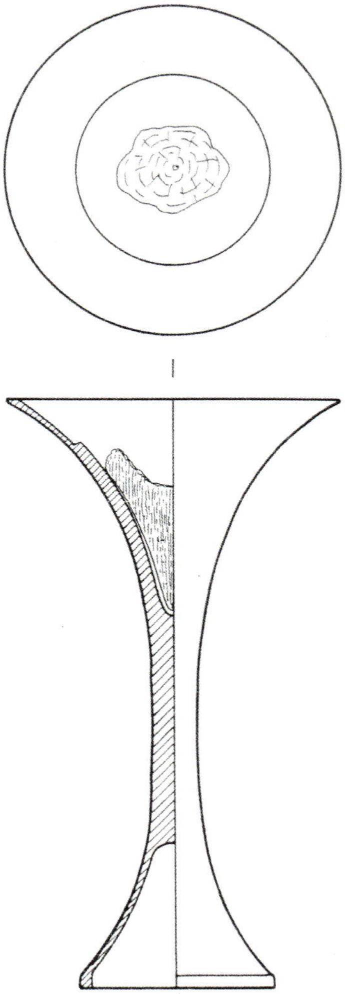

贯耳罐

贯耳罐（M27：1073），弄器，出土于外棺之下。有盖，口微敛，鼓腹，平底，高圈足，盖两侧对称凸出两方耳与器身两方耳相贯通。器盖饰两周重环纹，并以凸弦纹间隔，器身上部饰窃曲纹，下部及圈足饰垂麟纹。器底外壁有菱形铸造痕迹。

编钟

共 8 件，最大的通高 48.3 厘米，最小的通高 19.6 厘米。其中 6 件出土于椁室东北角、建鼓之下，2 件出土于椁室东侧偏北处。体量大小不同，形制基本相同，但内腔部分差异较大，主要体现在有无调音槽及调音槽的数量多寡。2 件编钟正鼓部有凤鸟纹，余皆素面。

编钟（M27：1027）线图

编钟（M27：1025）俯视图

编钟（由左至右 M27：1025、1027、950、949、1030、1026、1029、1028）

编钟（M27：1027）及线图

编钟（M27：1025）底部

钟身呈合瓦形，横断面呈梭形。上有长甬，中空，与钟腔相通，内实范土，衡端平齐。甬下端有旋，如箍形，旋上正面有斜方形环钮。

编钟钩

编钟钩共7件，通高9.3至11.9厘米，出土于椁室北端。形制、纹样相同，大小略有差异，可分为大小两种。整个器身弯曲呈“S”形，顶端连接一个圆形环钮，上端作龙首状，下端为一尖锐的弯钩。

铜钲

铜钲（M27：399），通高38.7厘米。出土于椁室北端，与建鼓同出。柄部断面呈八棱形，细长中空，与腔体相通，柄上有对称的4个长方形穿孔。腔体窄长，近筒状，器壁较厚，器身正背面均饰一组相同的凸浮雕兽面纹。

铜钲线图及拓片

编磬

编磬共10件，依照体量自大至小依次为M27：1047、1046、1049、1044、1048、1043、1045、1042、1041、1050，皆出土于椁室东侧。石灰岩质，青灰色。出土时器表有成片的钙化物质。8件编磬已裁断数节或鼓、股角残损，仅2件完好。编磬大小依次递增或递减。长扁平体，薄厚不等。作曲折形，上有折角，下为直边或微内弧，股部略短而鼓部稍长，折角内侧有一圆形穿孔。

编磬（M27：1041）

錞于

錞于（M27：398）出土于椁室北端。呈筒状，顶部封闭，上粗下细。鼓肩，底口径呈椭长方形，外敞，鼓腹顶端正中铸有一略方形环钮，素面，通高 37.6 厘米。

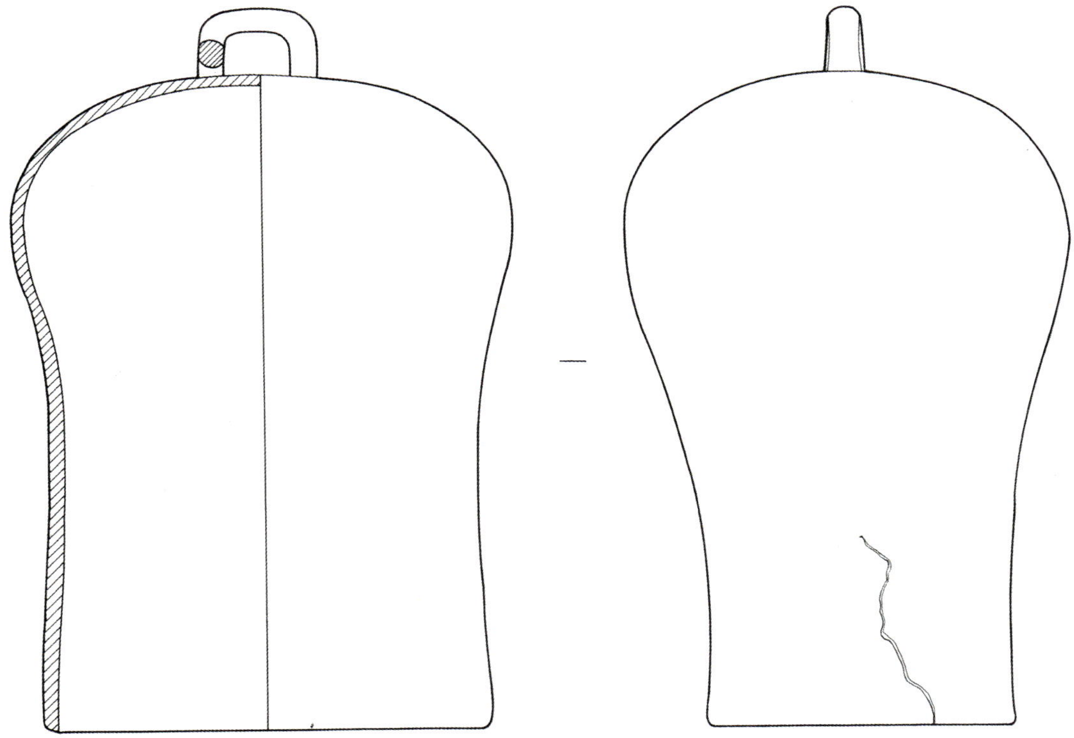

錞于线图

建鼓

建鼓（M27：948），出于椁室的东北角，木质鼓身已朽，但漆皮部分依旧保存着建鼓的形态，鼓皮不存，但在鼓身两端各发现两排固定鼓皮的骨钉。建鼓朱底黑彩，图案不清。高 80 厘米，直径 76 厘米。

建鼓立柱完全腐朽，仅存两端铜套。出土于椁室东北角部，铜套间以圆木立柱相连，两者形状、尺寸基本相同，而重量有别。外壁为八棱形管状，内壁为圆形，两端粗细不一，一端封闭，较细，中部有一对称辖孔，出土时管内残留朽木。器表为素面。

青铜礼器知多少

食器			
鼎	簋（guǐ）	甗（yǎn）	豆

用于烹煮食物	用于盛放煮熟的饭食	用于蒸熟食物	用于盛放作料

乐器			
铙（náo）	钟	镈	錞（chún）于

用于军中传播号令	古代打击乐器	接近于钟的乐器	用于战争中指挥进退

酒器			
爵（jué）	斝（jiǎ）	觥（gōng）	罍（léi）

用于饮酒	用于温酒	用于盛酒	大型盛酒器或盛水器

水器			
匜（yí）	盘	鉴（jiàn）	盉（hé）

盛水，用于浇淋	用于盛水、接水	用于冰镇酒	用于倒水或调酒

玉人之事，镇圭尺有二寸，天子守之；命圭九寸，谓之桓圭，公守之；命圭七寸，谓之信圭，侯守之；命圭七寸，谓之躬圭，伯守之。

——《周礼注疏·卷四十一·冬官考工记下》

至高无上的国君

M27 墓葬中出土玉器大多为礼玉和组玉佩。礼玉数量多，器形大，4 件大玉戈长度均超过 30 厘米，或为周王所赐之命圭。而墓主随身佩戴的七璜联珠组玉佩则是其国君身份的象征。

玉璧

M27 出土玉璧 7 件。玉质、玉色及沁色差异较大，依形态分为圆形璧（6 件）和凸缘璧（1 件）。

圆形玉璧（M27：235）

出土于墓主背腹下部，是 6 件圆形璧中唯一一件有纹饰的玉璧。青白玉制成，豆青色，局部白化，受沁有少许黄褐色沁斑，玉质细腻温润，外径 12.6 厘米。正面双龙纹采用西周中期典型的斜坡刀法琢制，布局规矩严谨，雕琢精美，背平素，留有片锯切割痕。

凸缘玉璧（M27：231）

出土于墓主两股骨之间。青玉制成，受沁呈黄褐色。圆环形，外径9.5厘米，内缘处上下凸起一周凸棱，外缘面留有数周旋切痕迹。素面，通体抛光。

玉琮

这 4 件玉琮均出土于墓主两股骨之间。多为素面，形制相同，大小接近。体扁矮，内圆外方，形制规整，有短射，通体抛光。

玉琮（M27：215）

青玉，局部白化，器表多呈黑褐色。器物四侧面各饰二条竖向平行阴线纹，一面射沿略残。通高 5.3 厘米。

玉琮（M27：216）

青玉。浅豆青色，大部受有棕褐色沁斑。四面各饰二条竖向平行阴线纹。通高 3.8 厘米。

玉琮（M27：217）

青白玉。青白色，局部有黄褐色沁斑。四面各饰二道竖向平行双阴线纹，角部各饰二条横向平行阴线纹。通高 3 厘米。

玉琮（M27：218）

青玉。浅豆青色，一侧受沁略泛白色，玉质细腻。通高 3.6 厘米。

玉璜

玉璜共 3 件，出土于墓主头部右侧。

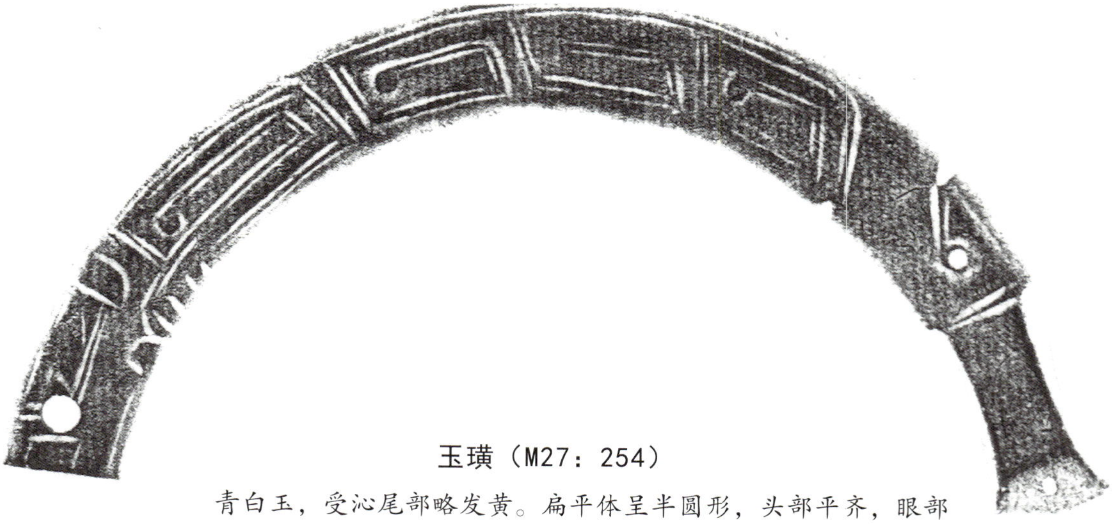

玉璜（M27：254）

青白玉，受沁尾部略发黄。扁平体呈半圆形，头部平齐，眼部钻一对穿圆孔，尾部两面削成榫头状，末端稍宽，钻一对穿孔，头部上下，尾内外侧面各磨有凹槽，通体抛光。

玉璜（M27：251与M27：253）

形制、大小、玉质、色泽、纹饰完全相同，系成形对开。青玉，受沁呈黄褐色。先是在璜之两面琢制龙纹，之后对剖，在各自背面再雕制鱼纹。圆形头，刻出鱼目、鱼鳃、鱼鳍和尾部。头、尾部各有一对穿孔。

七璜联珠组玉佩

七璜联珠组玉佩共745件(颗),佩戴于墓主颈部及胸前,直达下肢。出土时排列较为整齐,各个组件基本保持下葬时的位置。该组玉佩由圆形玉牌、玉璜与玛瑙珠(管)构成。具体串联方式为:最上面一件玉璜与颈后圆形玉牌由两排四行玛瑙珠(管)串联成封闭状。7件玉璜自上而下大小依次递减,并与纵向三排六行的玛瑙珠(管)间隔串联而成,璜与璜之间的玛瑙珠一般为18至20颗,数量较为一致,左右两侧玛瑙珠(管)对称分布,使每件玉璜在佩戴时均能保持水平状,总长度约103厘米。玉璜的大小、玉质、纹饰、制作时代差异较大,或许说明这组项饰由于某种原因,是下葬时临时编排而成的。

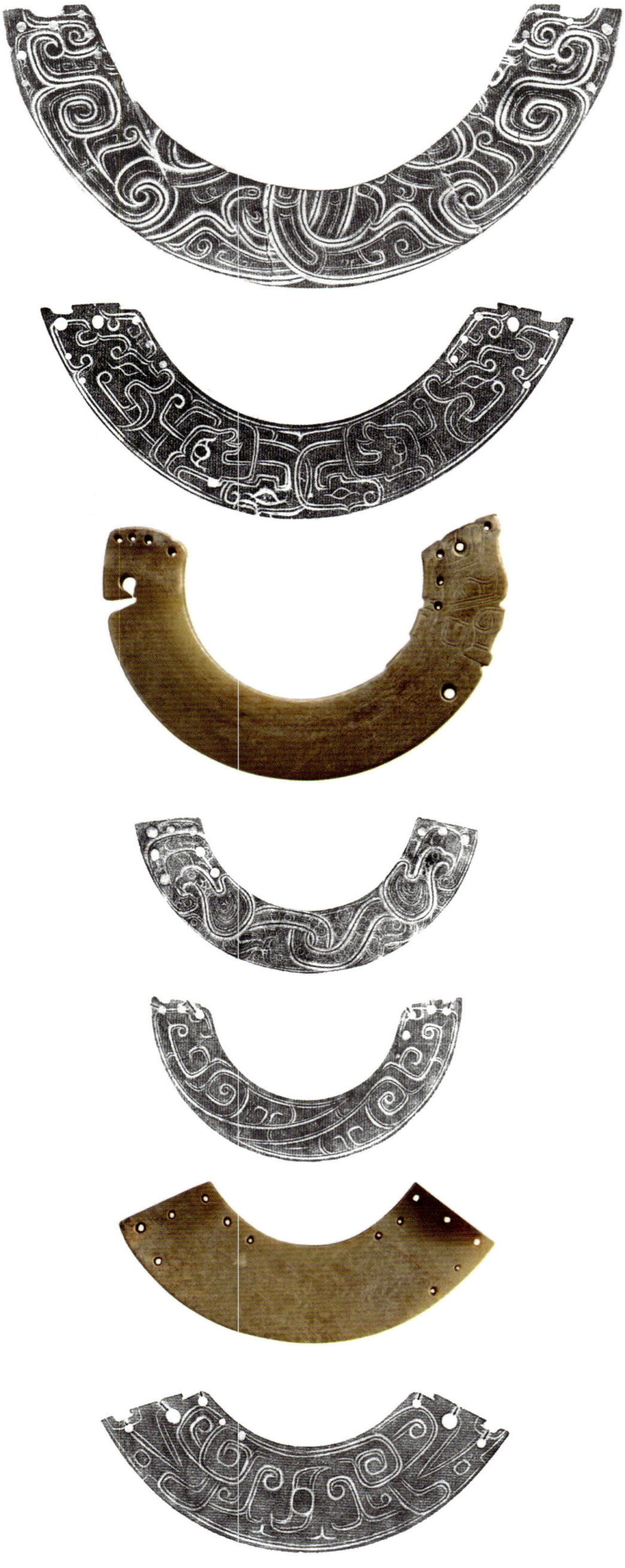

左右手腕饰

左手 2 组，共 193 件（颗），出土于墓主人左手腕部。
右手 3 组，共 244 件（颗），出土于墓主人右手腕部。

左手腕饰一

94 件（颗）。由 4 颗或 5 颗玛瑙珠将串饰间隔为 18 单元，其间串联 1 件玉蚕，分为内外两圈。周长约 34 厘米。

左手腕饰二

99 件（颗）。由 4 颗或 5 颗等距的玛瑙珠（含 1 颗玉珠）将串饰分为 18 单元，其间串联 1 件玉蚕，分内外两圈。周长约 34 厘米。

右手腕饰一

共115件（颗）。由1件玉兽面、3件玉凤鸟、18件玉蚕、18件玉龟与24颗玉珠、33颗玛瑙珠、18颗玛瑙管相间串联而成，分为3圈。周长约47厘米。

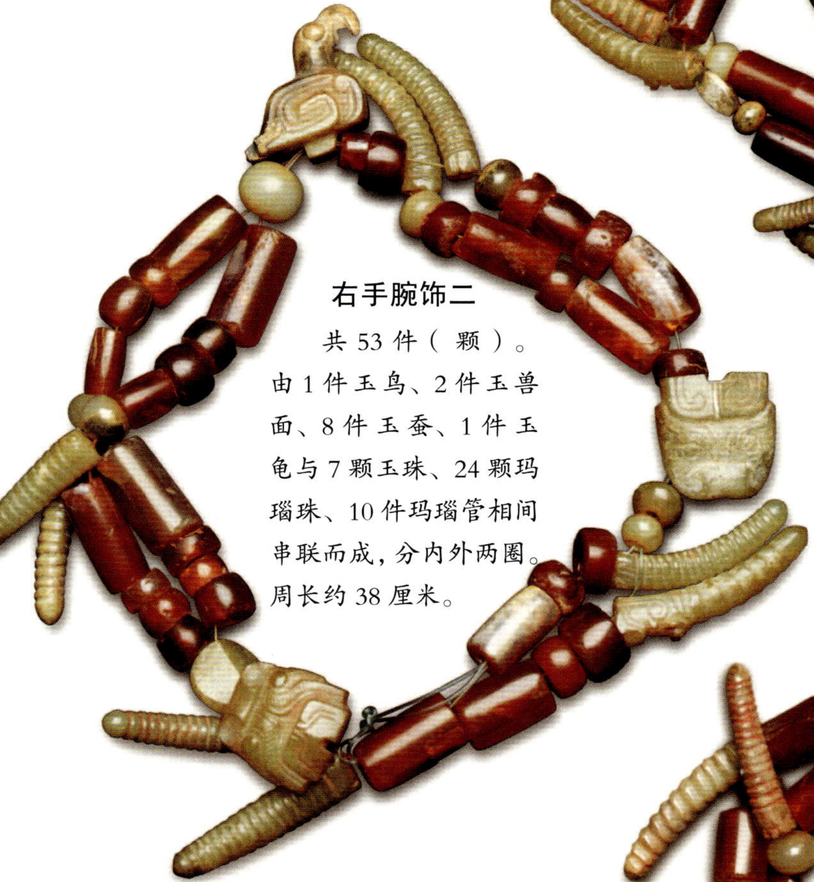

右手腕饰二

共53件（颗）。由1件玉鸟、2件玉兽面、8件玉蚕、1件玉龟与7颗玉珠、24颗玛瑙珠、10件玛瑙管相间串联而成，分内外两圈。周长约38厘米。

右手腕饰三

76件（颗）。由2件玉鸟、8件玉龟、10件玉蚕、12颗玉珠及14件玛瑙管和30颗玛瑙珠相间串联而成，分为内外两圈。周长约38厘米。

右手组合玉握

右手组合玉握（M27：303），白玉，青黄色，有黄褐色、黑褐色斑沁，局部白化，微透明。圆柱形，束腰，两端呈喇叭口状，一端较粗，另一端略细，其外缘非正圆。中央穿孔为两面钻，较粗一端钻孔较大，反之亦然。素面，通体抛光。

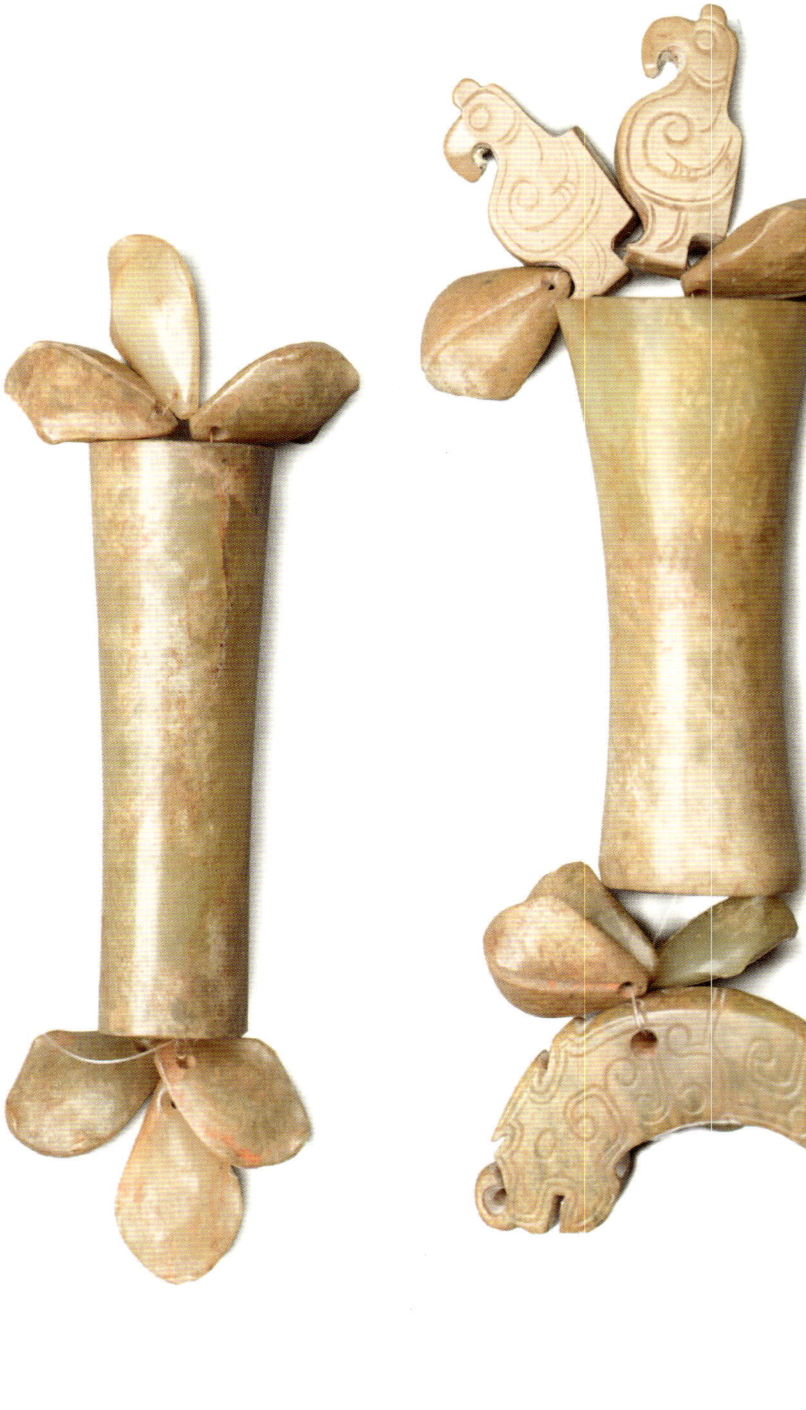

柄形器

柄形器（M27：209，图为器物正、背面照片及拓片），青玉，受沁呈土黄色。长条形扁平体，上端顶部稍平呈半圆形，下端平齐，上端的凤鸟喙下有半圆形缺口，两面均雕刻有凤鸟和龙纹。

梯形牌、束绢牌、玛瑙管组合项饰

项饰由梯形玉牌、束绢形牌与64件玛瑙管组合成环形封闭状。出土于墓主颈部及胸部，出土时位置稍有移动。

梯形牌（M27：400）

平面基本呈梯形，薄厚不匀，高4.6至4.8厘米，玉牌正中有一单面钻圆穿，下缘留有切割痕。双面工，纹样相同，上下端各饰一排双阴线波折纹，中部饰一组面对面的凤鸟纹，鸟作蹲踞状，圆目，长冠，钩形喙，身饰羽纹，最下部琢出尖锐鸟爪。

束绢形牌（M27：401）正面

束绢形牌（M27：401）背面

扁平状玉玦

扁平状玉玦共出土 2 对。圆形，体扁薄，孔周与周边同心，孔壁薄，较倾斜，周边厚不均匀，一侧有缺口。

M27：199-2 与 M27：199-4 成对，分别出土于墓主头部左右两侧。青玉，浅豆绿色，大部分受沁有灰白色或棕黄色斑纹与斑点。玉质细腻，微透明。形体较小。正面饰人龙合纹，双龙首对视，圆目，卷鼻张口，下躯体相连。中部为相背的两个侧视人首，圆目，翘卷鼻，发丝由前向后延续形成发盖，背面素面。外径 5 厘米，孔径 2 厘米，厚 0.3 厘米。

玉玦（M27：199-4）正、背面拓片

M27：199-2

M27：199-4

大玉戈（从左至右 M27：240、241、239、238）

大玉戈

大玉戈，4 件，均出土于墓主胸腹部。素面，内援交接处有单面钻孔。长度为 32.6 至 35.2 厘米。

大玉戈（M27：238），青玉，大部受沁呈黄褐色，玉质较细腻。尖锋锐利呈柳叶状，援有刃无脊。内援等宽，并利用一道弦纹与七道纵刻阴线纹区分界限，内端有横向平行线。

大玉戈（M27：239），青玉，大部受沁呈棕黄色或灰白色斑纹，背白化严重。尖锋呈斜三角形，锐利，援有脊与边刃，援中部有大小二个圆形穿孔。

大玉戈（M27：240），青玉，黄褐色，大部受沁呈白色，玉质较细腻。尖锋呈斜三角形，锐利，援有脊与边刃，援本处有二圆穿孔，一大一小。援与内宽相同，内端部作齿棱状。

大玉戈（M27：241），青玉，暗黄色，正面白化。内端斜切，并有圆形穿孔，内援交接处有纵向平行线。

龙形觿

龙形觿（M27： 226），出土于墓主右手部。青玉，有黄色沁斑，微透明，觿呈扁平体半圆形，整体造型作龙形，双面刻纹，一端为龙头，刻眉尖，变形“臣”字目，嘴微张，钻有一穿孔，尖尾。背中部凸起半圆，中钻有一穿孔，尾部稍前凸起一半环形纽。二侧饰以阴刻线纹。长 3.2 厘米，宽 0.9 厘米，高 1.3 厘米。

龙形觿（M27：228），出土于墓主右股骨外侧。青玉，有黄色玉沁，微透明，觿呈扁平体，半圆形阴刻双面雕刻龙形，椭圆眼，刻眉尖，嘴微张，有一圆孔，背部有凹槽，前面单钻一对穿圆孔，弧形尖尾。长 5.7 厘米，宽 1.1 厘米，厚 0.3 厘米。

联体玉饰

联体玉饰（M27：208），出土于墓主胸部。青玉，受沁呈白色。呈马鞍形，中段较细，两端为正方形，背面平齐。正面两端各雕刻相同的浅浮雕兽面纹，圆目突出，倒八字眉，兽鼻上卷，双阴线兽角，顶端平面正中有小凹槽。背面有磨损的阴线纹，图案不完整。通长 4.4 厘米，两端高 1.8 厘米，厚 0.7 厘米。

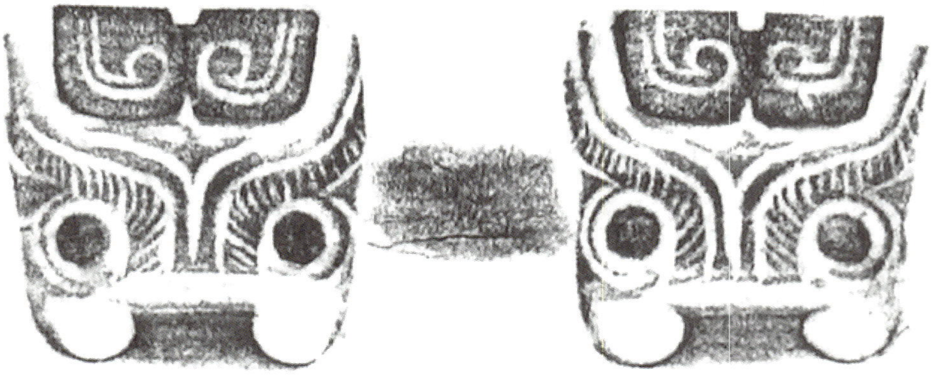

方形兽面

方形兽面（M27：249），出土于墓主头部右侧。青玉，通体受沁有灰白色和棕黄色斑纹。玉质细腻，微透明。近正方形，顶部内凹，中央有一对钻穿孔。正面饰兽面纹，浮雕宽卷鼻，倒八字眉，眉羽细如丝，两兽角均作抽象龙纹，圆目，卷鼻，张口。高 2.6 厘米，宽 2.1 厘米，厚 0.8 厘米。

扇形兽面

扇形兽面（M27：250），出土于墓主头部右侧。青玉，浅豆绿色，局部受沁有棕黄色斑纹。玉质细腻，微透明。平面呈扇形，正面隆起，壁较厚，两侧各有一凹槽，背部略弧并有牛鼻穿。正面饰浮雕兽面纹，圆目，拱形眉，眉羽细如发丝，高浮雕宽卷鼻，龙须扬起上卷。圆目，浮雕宽卷鼻，以双龙纹表达兽角，角间饰“V”形兽鬃，鬃发如丝。高3厘米，宽4.2厘米，厚0.8厘米。

方形兽面

方形兽面（M27：256），出土于墓主头部右侧。青玉，整体受沁呈黄白色。玉质细腻。平面为正方形，壁较厚，中央有一对穿孔。正面图案整体可视为一个突出的兽面纹，圆目，倒八字眉，眉羽细如发丝，浮雕宽卷鼻，卷体双龙纹表达兽角，龙首对视，圆目，卷鼻，吐舌，龙体卷曲。兽角间作人字形兽鬃，鬃发细刻如丝。背面平齐微弧。高4.6厘米，宽4.6厘米，厚0.8厘米，孔径0.4厘米。

方柱形柄形器

方柱形柄形器（M27：221），出土于墓主胸部左侧。青玉，受沁呈土黄色。束腰，断面略呈矩形，中部宽面两侧阴刻勾连龙纹，窄面两侧阴刻有人字形纹饰。两端各雕刻有向外兽首，兽面清晰生动，二兽首口部有钻孔。长 7.9 厘米，宽 1.6 厘米，厚 1.8 厘米，孔径 0.7 厘米。

长条状柄形器

长条状柄形器（M27：1085），出土于椁底板下小坑内。青玉，青白色有黑褐色沁纹。长条形，器身扁平，顶部略呈圆滑状，下端略窄平齐。两面均有人鸟合雕纹，一侧呈牙璧状，一侧打磨平齐。上端束冠勾喙凤鸟蹲立于羽人头顶端，勾喙下有圆形钻孔，下端为侧面雕羽人蹲立形象。长 17.8 厘米，宽 3.8 厘米，厚 0.6 厘米。

方柱形柄形器

方柱形柄形器（M27：219），出土于墓主左肩部，白玉，相当温润。一头稍短细，略上有一弦纹，另一头中部有二边弦纹，分为相同二段，弦纹二端四角雕刻有尾部相对的蝉纹，中部钻有对穿一圆孔，孔呈漏斗状，通体抛光。长10.1厘米，宽1.5厘米，厚1.1厘米。

礼仪玉器知多少

礼仪玉器是指古人在祭祀、朝会、交聘等礼仪场合使用的玉器，常简称为“礼器”或“礼玉”，据《周礼》记载，礼玉主要是指璧、琮、圭、璋、璜、琥6种玉器。

玉璧：中心有孔的扁圆形玉器。古人在祭祀时，认为这种器物能同祖先神灵相通。除用作祭祀外，还可用作装饰、祥瑞、殓葬等。《荀子·大略》载：“问士以璧，召人以瑗，绝人以玦，反绝以环。”说明璧还可作信物之用。

玉琮：外方内圆的柱状管形玉器。琮的方圆表示地和天，是出于天圆地方的上古宇宙观，做成方琮来祭祀地神，是礼地之器。此外，亦被用于祥瑞、殓葬等。

玉圭：上古重要的礼器，被广泛用作“朝觐礼见”标明等级身份的瑞玉及祭祀盟誓的祭器。

玉璋：东汉许慎在《说文解字》中说：“半圭为璋。”璋的种类据《周礼》中记载有赤璋、大璋、中璋、边璋、牙璋5种：“赤璋”是礼南方之神的，“大璋、中璋、边璋”是天子巡守用的，“牙璋”是作符节器用的。

玉璜：弧形玉器。汉制称“半璧玉璜”，但常见出土的玉璜仅有三分之一璧大小，弯弧两端有小孔，往往出于墓主领下，可能用于佩戴，故有“佩璜”之称。

玉琥：位于6种瑞玉之末。据文献记载，琥是以白虎的身份来礼西方，以虎符的身份来发兵。从目前梁带村芮国墓地出土情况来看，尚未见到琥的实物。

追琢其章，金玉其相

金玉古来为国人所珍视，一个光华外显，一个温润内敛，梁带村出土的金玉器物折射出了芮国昔日的盛世华年。梁带村遗址出土的大量造型罕见、题材精美的玉器，不仅大、中型墓中有陪葬，在一些小型墓中也有零星玉器出土，可见芮国正是一个有着好玉之风的国家。

金器是芮国墓地的又一特色，其数量为周代考古发现之最，不仅制作工艺精良，而且以成组的金器为饰也是迄今仅见，对重新认识中国早期黄金工艺和金器的使用制度都具有非常重要的学术价值。

梁带村 M27 出土的 48 件金器，类型多达十余种，尤其是成套金腰带与金剑鞘、金韘、镶金玉韘等器物在国内罕见，设计、铸造一流，堪称稀世奇珍，具有探索黄金器的工艺制作和服饰文化的意义。

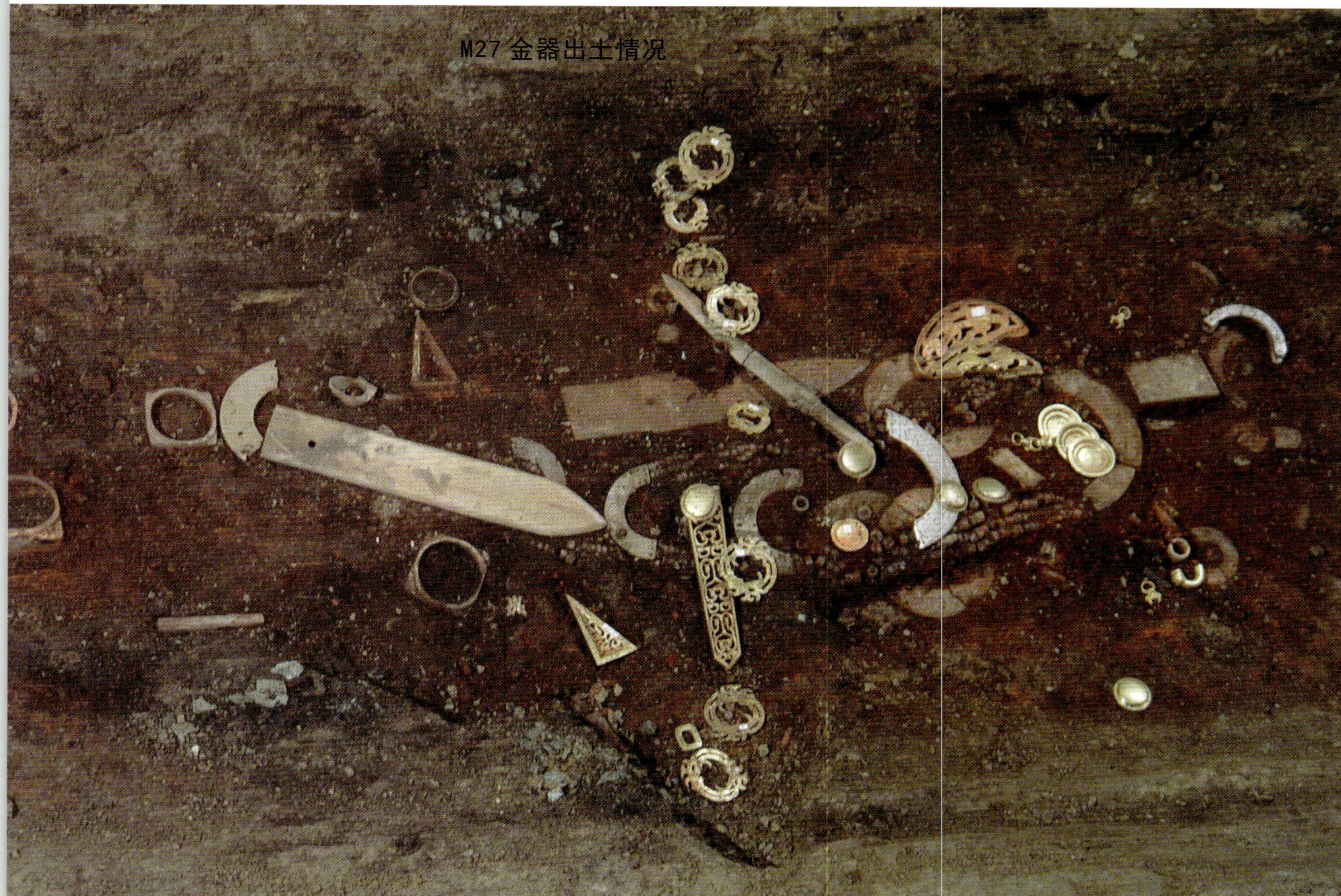

M27 金器出土情况

金肩饰

金肩饰（M27：1206），出土于墓主右肩部。呈半圆形月牙状，上沿部向上竖起，折沿处有一周细小穿孔。整体镂空，雕有两两相对的两条龙纹，圆弧外沿为一周紧密的小穿孔。长 13 厘米，宽 11.3 厘米，厚 0.08 厘米，重 46.78 克。

金剑鞘

金剑鞘（M27：1221），出土于墓主腰部左侧，整体镂空，锋部呈三角形，正面纹饰分 3 组，每组雕刻有 4 条变体龙纹，背面有方格和三角形镂空，剑鞘两侧呈圆弧形，端部背面有一带状穿孔。长 18.7 厘米，宽 4 厘米，厚 1.5 厘米，重 187.44 克。

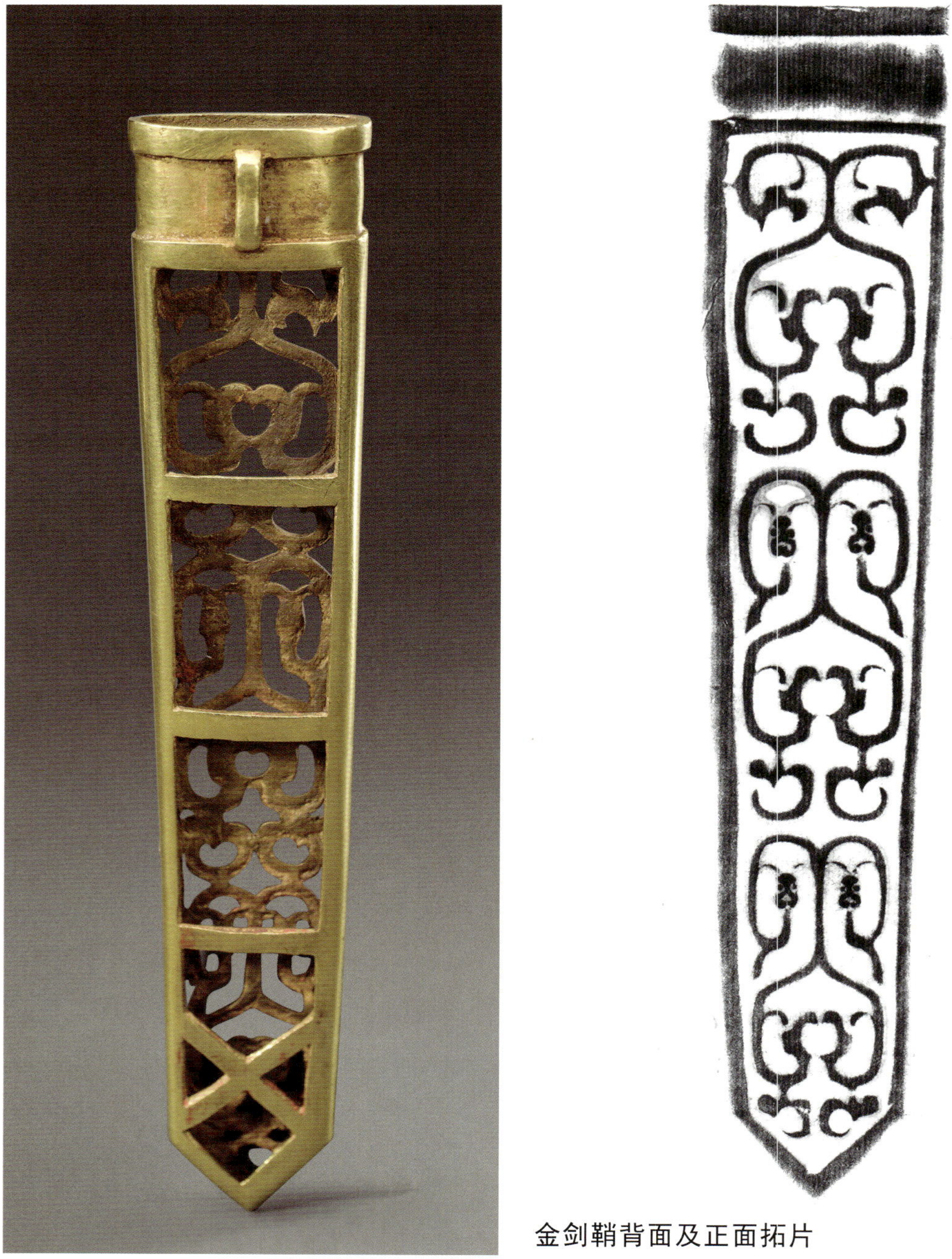

金剑鞘背面及正面拓片

玉剑

玉剑（M27：247），出土于墓主腰部。剑有脊，锋作柳叶形。柄身前端作兽面纹，兽耳部有穿孔，两面纹饰相同，下端呈长方形，底部有切割痕。通体打磨抛光。长29厘米，宽3.8厘米，厚1厘米，重98.61克。

方形金环（M27：1219、1222）

方形金环

方形金环，2 件，出土于墓主腰部，圆角方形，正面微弧面，背面平齐，素面。

方形金环（M27：1219），长 2.9 厘米，宽 2.3 厘米，厚 0.2 厘米，重 15.35 克。

方形金环（M27：1222），长 2.2 厘米，宽 2 厘米，厚 0.15 厘米，重 6.29 克。

镶金玉韘

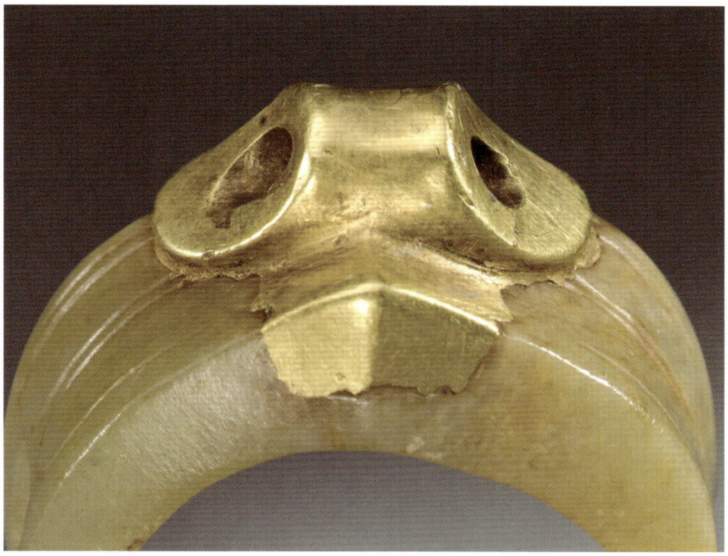

镶金玉韘（M27：227），发现于墓主人右手部，构成佩韘组合。下端平齐，上端为前高后低的鼻头状斜面，中空，侧面琢有一方孔，当用以镶嵌金方柱状扳突，但出土时未曾发现，背部镶一浮雕金鹰首，尖喙圆眼，圆眼呈穿孔状。高2.1厘米，长5.2厘米，宽2.8厘米，孔径2.3厘米。

金韘

金韘，2 件，均出土于墓主左手下侧，形制相同，大小相异，斜筒状，正面如鼻头状凸起，断面呈椭圆形，背面筒壁较矮，且中间斜倾，向下、向后纵向起一棱脊，脊上部凸起有一穿孔，筒壁一侧有一近方形的扳突。

金韘（M27：1235）

高 2.3 厘米，长 5 厘米，宽 3.5 厘米，重 141.93 克。

金韘（M27：1237）

高 2 厘米，长 4.7 厘米，宽 3.2 厘米，重 71.32 克。

玉韘

玉韘（M27：229），出土于墓主右手下部，与玉管、玉觿构成佩韘组合。斜筒状，正面如鼻头状凸起，断面呈椭圆形，背面筒壁较矮，且中间斜倾，向下、向后纵向起一棱脊，脊上部凸起有一穿孔，筒壁一侧有一近方形的扳突。高1.9厘米，长4.7厘米，宽3.4厘米，孔径2.3厘米。

韘的佩戴及使用

弓箭是全球范围内早期文明普遍使用的狩猎工具。西方的射箭方式通常不使用扳指，而以三指直接撒放；东方则使用戴扳指控弦的方式。《说文解字》中说："韘，射决也，所以拘弦。"商代的韘的使用方式通常是将韘戴在大拇指上，而梁带村出土的韘则是食指用韘。

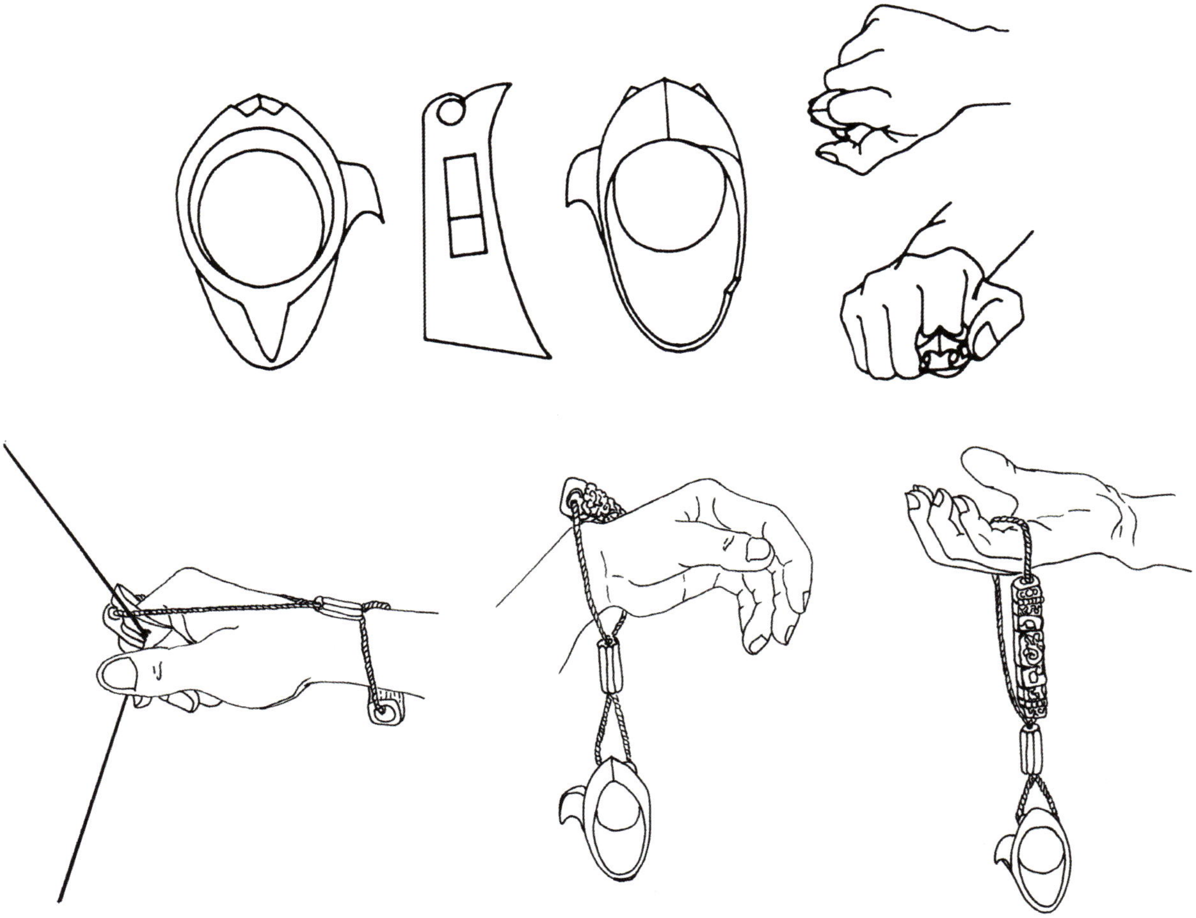

韘的佩戴与使用示意图

镂空龙纹金环

镂空龙纹金环，6件，共重301.02克。形状、纹样、尺寸相同，重量略有差异。环体扁薄，正面呈连体双龙背向盘曲，背面平齐。二龙皆有“Y”形角，眼球突出，象形长鼻卷曲上扬，长舌向下、向内弯曲。直径6.7厘米，厚0.3厘米。

镂空龙纹金环（M27：1211）拓片

镂空龙纹金环（从左至右 M27：1211、1212、1213、1217、1218、1220）

镂空龙纹金环（M27：1217）

M27：1209

M27：1210

M27：1231

M27：1232

M27：1236

M27：1243

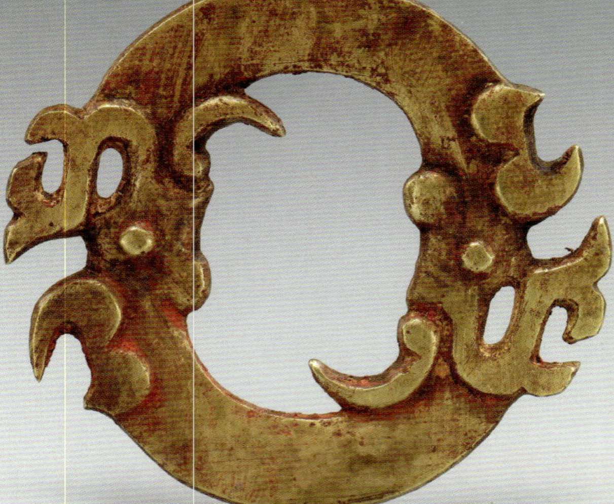

龙纹金环

龙纹金环，6件，共重213.37克。形状、纹饰、尺寸相同，重量略有差异。环体扁薄，正面呈连体双龙背向盘曲，背面平齐。二龙皆有“Y”形角，眼球突出，象形长鼻卷曲上扬，长舌向下、向内弯曲。环身素面，微弧。直径5.4厘米，厚0.2厘米。

龙纹金环（M27：1243）背面及拓片

镂空龙纹方形金饰

镂空龙纹方形金饰（M27：1245），出土于墓主胸腹部，器身方形扁平体，中部饰连首变形双龙，双龙共用一凸圆目，两角对称，各饰一相对有足卷体龙，两龙首尾相连，龙纹间镂空，背面平齐。长 3.4 厘米，宽 3.15 厘米，厚 0.2 厘米，重 20.34 克。

盾形金饰（M27：1230、1234）

盾形金饰

盾形金饰，2件，共重111.83克。形状、纹饰、尺寸相同，重量略有差异。平面呈三角形，中部隆起，呈三棱锥体，背面相应凹陷，沿底边一周有外折框边，其两长边上有8个两两相对的小穿孔。器表为一组单首双身镂空龙形，口吐长舌，旁有獠牙，纹样的间隙镂空。底边长5厘米，高8.7厘米，厚1.2厘米。

盾形金饰（M27：1230）出土于墓主腰部左侧，盾形金饰（M27：1234）出土于墓主腰部右侧。

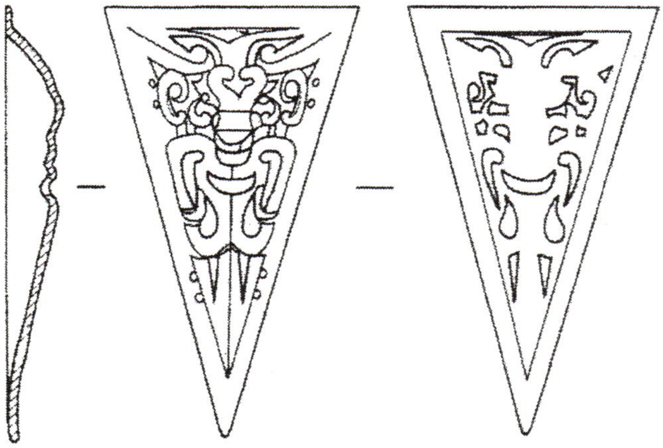

盾形金饰（M27：1230）拓片及背面

龙纹方金环

龙纹方金环（M27：1214），出土于墓主腰部，环体扁薄，正面呈连体双龙相背向盘曲，背面平齐。二龙皆有“Y”形角，眼球凸出，长鼻上卷，吐舌下弯，獠牙下弯前翘。环身饰变体有珠重环纹。长 4.7 厘米，宽 4.2 厘米，厚 0.2 厘米，重 34.07 克。

大金泡

大金泡（M27:1201、1202、1204），3件，共重129.77克。大小相同，重量略有差异。高0.8厘米，直径4.9厘米，壁厚0.15厘米。

M27：1204

M27：1202

M27：1201

小金泡

小金泡（M27：1215、1216、1223、1224、1225、1239、1240），7件，共重168.15克。大小相同，重量略有差异。高0.6厘米，直径3.8厘米，壁厚0.1厘米。

小金泡与大金泡均出土于墓主胸腹部。形制相同，圆形器身，正面上隆起成弧面，并由边缘处连饰两道凹弦纹，背面相应凹陷，两侧边缘部有两两相对的圆穿孔，素面。

小金泡（M27：1225）

兽面金饰

兽面金饰，4件，共重34.24克，均出土于墓主胸腹部。形状、尺寸基本相同，纹饰、重量略有差异，器身正面呈兽首形，并向上隆起，背面凹陷，且设一呈长条状横梁。兽首上有“Y”形双角，倒八字眉，圆凸目，牛形鼻，獠牙下弯外翘。双角间为“V”形豁口。以兽面是否带阴线刻，分为两种：阴线刻兽面金饰（M27：1229、1233），2件，尺寸相同，长2.2厘米，宽2.2厘米，厚0.6厘米；素面兽面金饰（M27：1241、1242），2件，尺寸相同。

兽金面饰（由左至右M27：1241、1242、1229、1233）

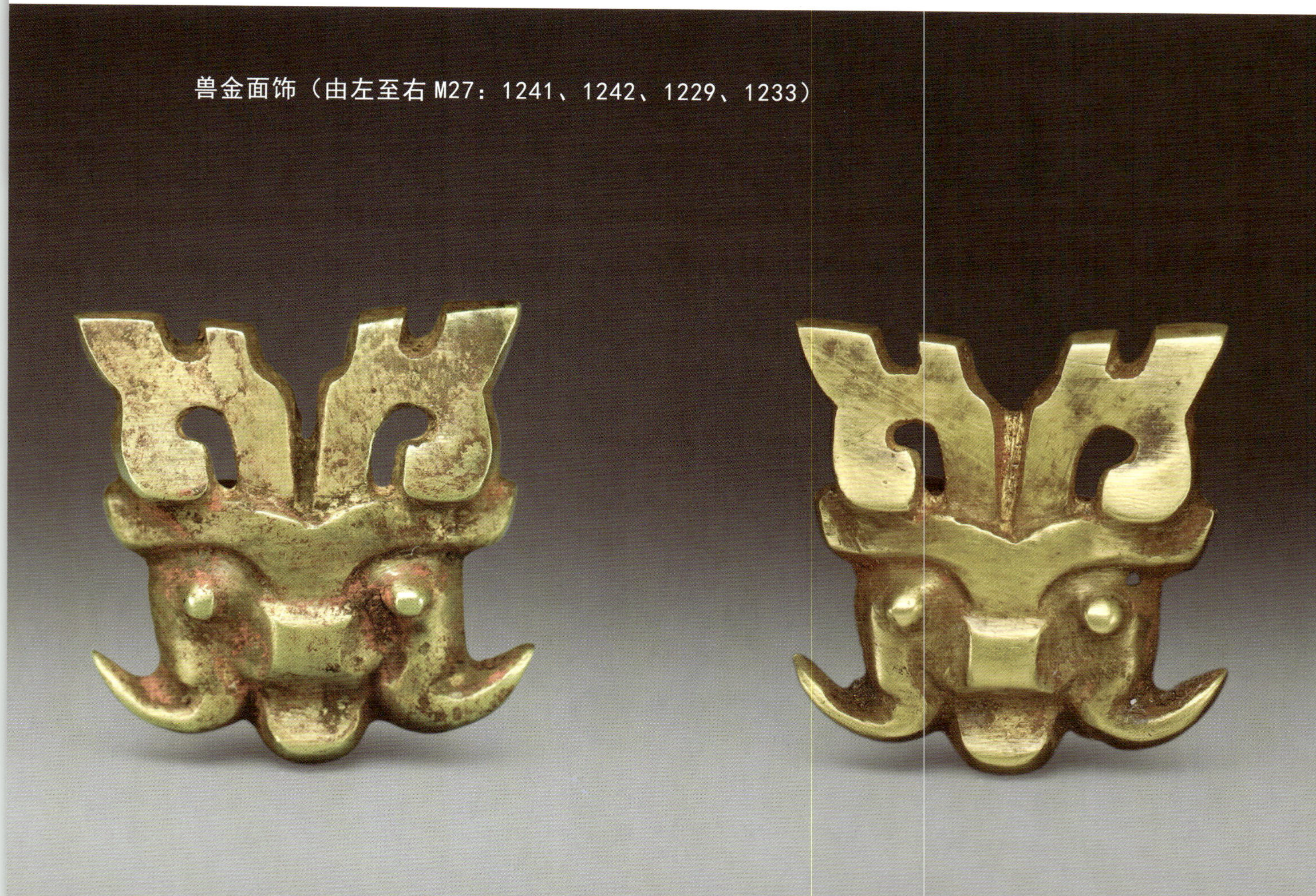

兽面金饰（M27：1229）正、背面

牛首衔环

牛首衔环（M27：1203、1205、1207、1208、1226、1227），6件，共重47.83克。形状、纹饰、尺寸相同，重量略有差异。均出土于墓主胸腹部，器身呈倒置梯形，正面作牛首形，背面相应内凹，中部设一纵向长条形梁，嘴中空作管状圆穿孔，并衔套一个可以转动的圆环。长2.8厘米，宽1.8厘米，厚0.6厘米。

牛首衔环（M27：1207）背面

金手镯

大手镯，2 件，均出土于墓主右腕部。形制相同，由一根圆柱状金丝缠绕制成。

大手镯（M27：1247）直径 5.1 厘米，重 28.21 克。

大手镯（M27：1248）直径 5.4 厘米，重 29.71 克。

小手镯（M27：1238、1246），2件，均出土于墓主左肩上部。形制相同，直径均为4.7厘米，由一根圆柱状金丝缠绕制成。

兽首金龙

兽首金龙 ，2 件，共重 112.11 克。形状、纹饰、尺寸相同，重量略有差异。器身呈圆柱状环形，头部较大，外缘面饰凸兽面，兽角上耸内卷，眼球突出，凸牛形鼻，环端横断面平齐。长 3.8 厘米，高 2.3 厘米。

兽首金龙（M27：1228）出土于墓主左肩，兽首金龙（M27：1244）出土于墓主右肩。

兽首金龙（M27：1228）侧面及正面

金器的纹样

西周中晚期到春秋时期的黄金制作工艺，是将青铜器铸造工艺运用到金器制作当中。梁带村出土的金器，除金肩饰系锤揲而成之外，其他皆为铸造。此外，青铜器当中的龙纹样式，也被普遍借用到金器当中。梁带村M27出土的金器当中，金剑鞘、金环等金器中大量使用了龙纹。

先秦时代出土了大量精美的金器，从这些实物来看，当时的人们已经形成并掌握了诸如铸造、锤揲、包金、贴金、平脱、掐丝、錾刻等金器制作的基本工艺。

1. 铸造

冶炼出较纯的金料后，将金料熔化为汁液，采用范模浇铸而成的器物，与青铜器铸造方法基本相同。

2. 锤揲、包金、贴金、平脱

充分利用金料质地较柔软、具有延展性的特点，逐渐锤击，使材料按设计延展，做成需要的器物。

3. 掐丝

从后世工艺看，其做法是将捶打成极薄的金片剪成细条，慢慢扭搓成丝。另外，还有拔丝，就是通过拔丝板的锥形细孔，将金料挤压而入，从下面的小孔将丝抽出，较粗的丝也可以经捶打而成。

4. 錾刻

《荀子·劝学篇》说："锲而不舍，金石可镂。"锲是用刀刻，镂是雕刻，由此可知，先秦时代多用镂刻的方法加工金石器物。

仲姜

一名叱咤风云的传奇女性

M26是一座单墓道“甲”字形竖穴土坑墓，与M27相隔不远。

墓中共出土遗物7939件（颗）。墓中有五鼎四簋等青铜礼器，部分铜器铭文中出现“仲（中）姜”二字；还出土了一组6件器型小巧、铸造精美的青铜弄器（古人的玩具），生动地展示了周代贵族的生活情趣。

令人惊叹的是，这座墓葬的陪葬品中玉器的数量之大、种类之多、等级之高，在近年来的商周考古中非常罕见。26号墓中出土各类玉器571件，有成套玉项饰、玉腕饰、玉握饰、玉踝饰等，是目前保存最为完整的成套玉饰。其中还有一件从遥远的辽河流域流传到黄河流域的红山文化代表器物——大型玉猪龙，经鉴定，这个玉猪龙应该是5000年前的器物。

那么，这件器物如何会出现在2000多年前的墓葬中？

如何从千里之外的辽河流域传到黄河流域？

为何这座墓中的玉器数量如此之多？

墓主人到底是谁？

M26 玉器出土情形

大墓概况

M26 位于整个墓葬区的东部，正东 12 米为 M19，西距 M27 约 4 米，北距 K7 约 29 米。

这是一座单墓道长方形竖穴土坑墓，长方形斜坡状墓道接于墓室南端，收分明显，呈口大底小状。且墓道宽窄略有差异。墓道长 26 米，南端宽 3.5 米，北端 3.8 米，墓道实际发掘 17 米。

葬具为一椁两棺，墓主置于内棺中部，骨架已腐朽，残留数颗牙齿，下肢骨形状保存较好，据此可判断墓主葬式为仰身直肢，头向北，面向上，骨架痕迹长约 1.73 米。

墓葬内没有随葬兵器，也没有发现两周时期专为国君享用的乐器和金器，由此可以初步推断墓主为女性。

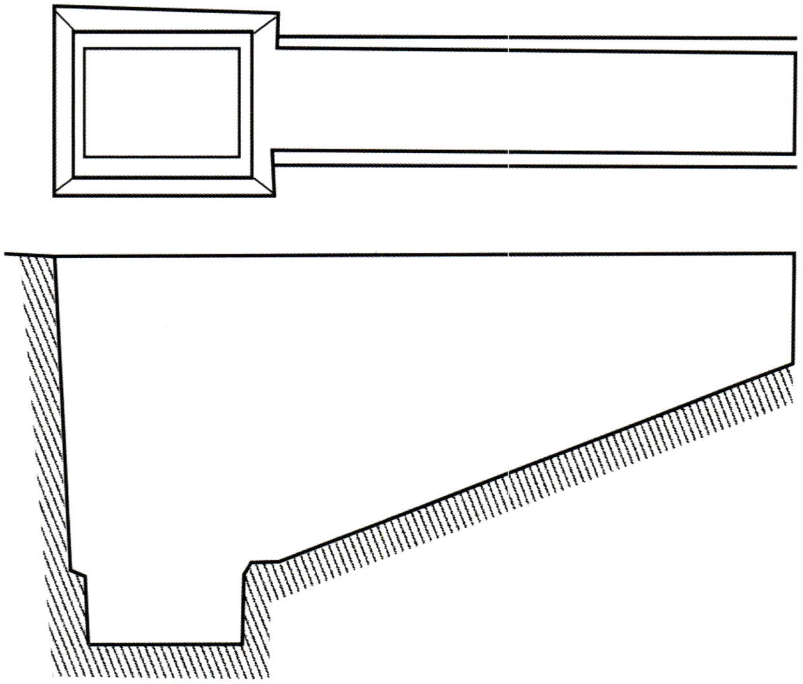

M26 平、剖面图

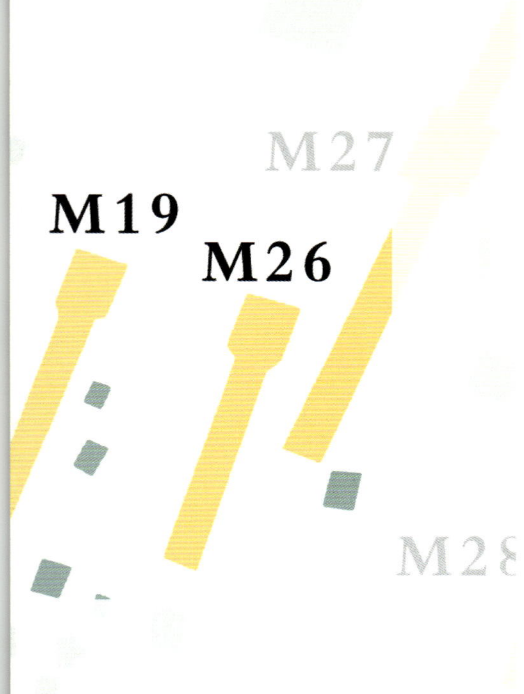

随葬品

26 号大墓随葬器物十分丰富，遍及填土、椁室和棺内。在墓室北端的填土中，发现 1 件玉圭、1 件小玉圭、1 件玉觿、1 件玉方管、1 件玉镯残片、2 件石人、5 件残石圭、2 颗玛瑙珠。椁室侧板和端板悬挂大量的串饰，从其摆放状况看应是作为椁室的装饰物。外棺顶板之上平放 4 件铜翣。在棺椁之间有青铜礼器，青铜礼器之上散落有许多铜鱼、车马器等。椁室东侧外棺外放置 6 件青铜“弄器”，做工精致，保存完好。棺内随葬器物以玉器为主，另有少量的玛瑙珠管、煤精、料器，它们作为组件，与玉器组成组佩或串饰。大多数玉器下葬时佩戴或放置于墓主头部、颈部、胸前、腕部、手掌内。

M26 青铜器出土情形

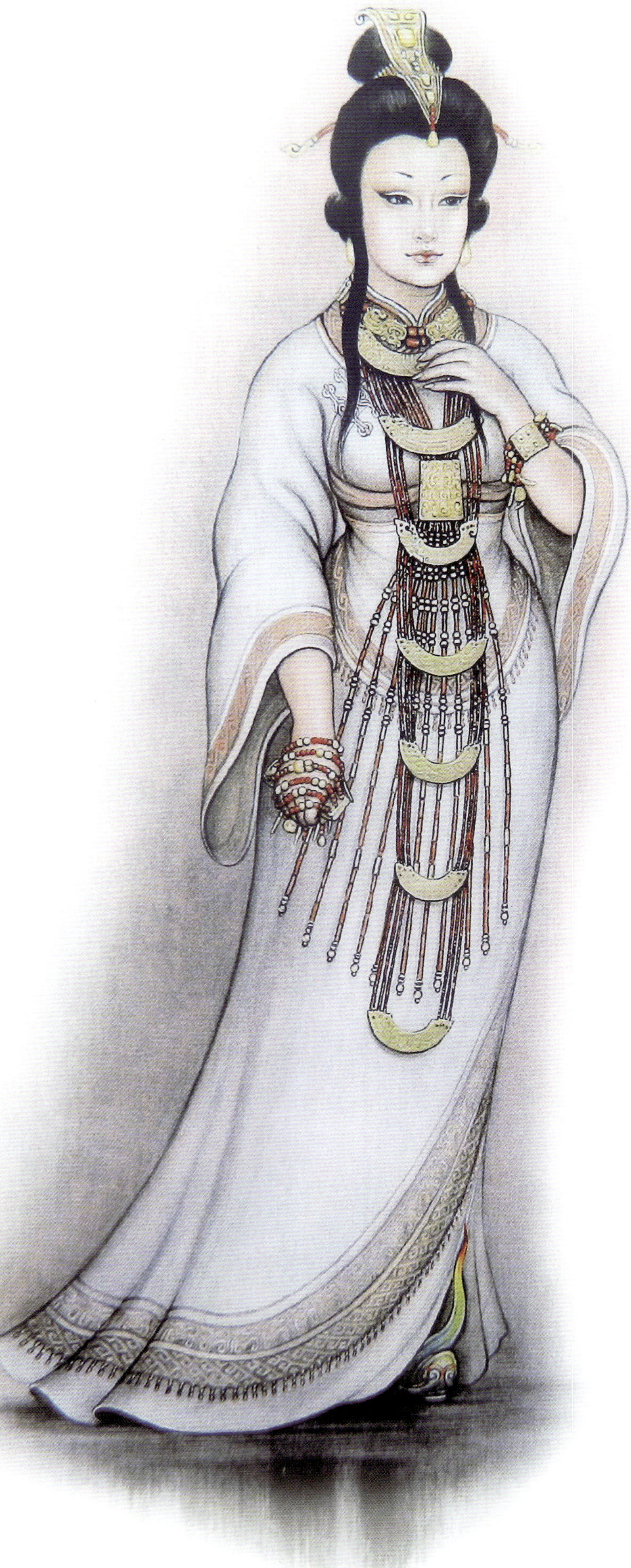

执掌重权的王后

M26 出土了多件带“仲姜作为桓公”铭文的青铜器，铭文内容既道出了 M26 与紧邻的 M27 两座墓葬主人的身份（M27 墓主人应为芮桓公，M26 墓主人则为桓公的夫人仲姜），又说明了 M26 墓主人生前所拥有的巨额财富和凌驾于众人之上的权力。

国之大事，在祀与戎（祭祀和打仗）。祭祀在过去是国家大事，拥有祭祀权相当于拥有国家一半的权力。在商周时期，祭祀权与王权紧密相连，是只有男人才能掌握的权力，通常国君死后由继位的儿子对其父亲进行祭祀。但通过 M26 中出土的 20 多件青铜礼器可以看出，仲姜墓随葬列鼎的重量和大小都超过其夫桓公，且根据铜器上的铭文显示，仲姜曾多次为祭祀桓公铸造礼器。这在祭祀权与军政权挂钩的两周社会中，意味着仲姜拥有不同于一般国君夫人的无上权力，也证明了她在芮国的特殊身份地位。

铭文中的“仲”通常是指排行老二，“姜”是指她来自某个姜姓国。通过铭文可以知道 26 号墓主人名叫仲姜，仲姜的父亲很可能就是某一个姜姓国的国君。姜姓在西周是一个很大的部族，姜姓是羌人的一支，周武王灭商时，周人的一大部分力量来自羌人，其代表人物就是众所周知的姜子牙，后来被封到齐国（今山东一带）。如果仲姜真的是姜子牙的后代，那么仲姜墓中出现辽河流域的玉猪龙、超出诸侯夫人所应有的陪葬品规格等奇怪现象似乎就有了合理的解释。

仲姜不仅执掌重权，而且也是一位品味非凡的女性。她墓里出土的青铜弄器及她身上佩戴的玉串饰、手上把玩的玉握等都显示着墓主人的个人喜好。大量改制器的发现，也证明仲姜对于玉器已不仅仅满足于收藏和鉴赏，而在其上赋予了更多个性，体现了仲姜对美的追求。

国之大事，在祀与戎。
——《左传·成公十三年》

青铜礼器

M26 的青铜礼器均出土于墓室西南角，器物制作甚为精良，纹样也讲究，绝大多数铸有铭文“中（仲）姜作为桓公用鼎（簋、壶）”等。

鼎

鼎（从左至右 M26：142、145、144、146、143），共 5 件，形制、纹饰基本相同，大小、重量依次递减。其中，M26：142 最大，通高 39.8 厘米，重 24.59 千克。

鼎（M26：143）纹饰拓片

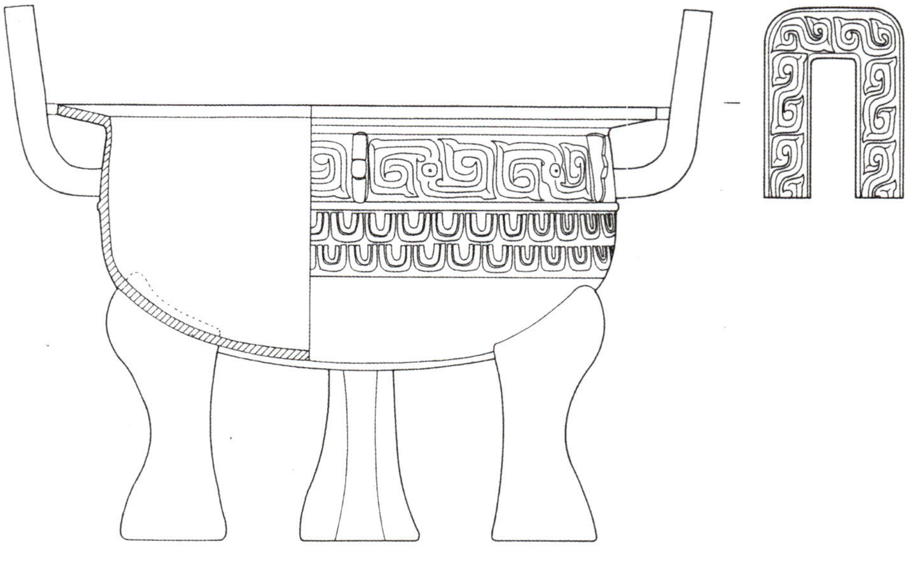

青铜鼎及线图（M26：142）

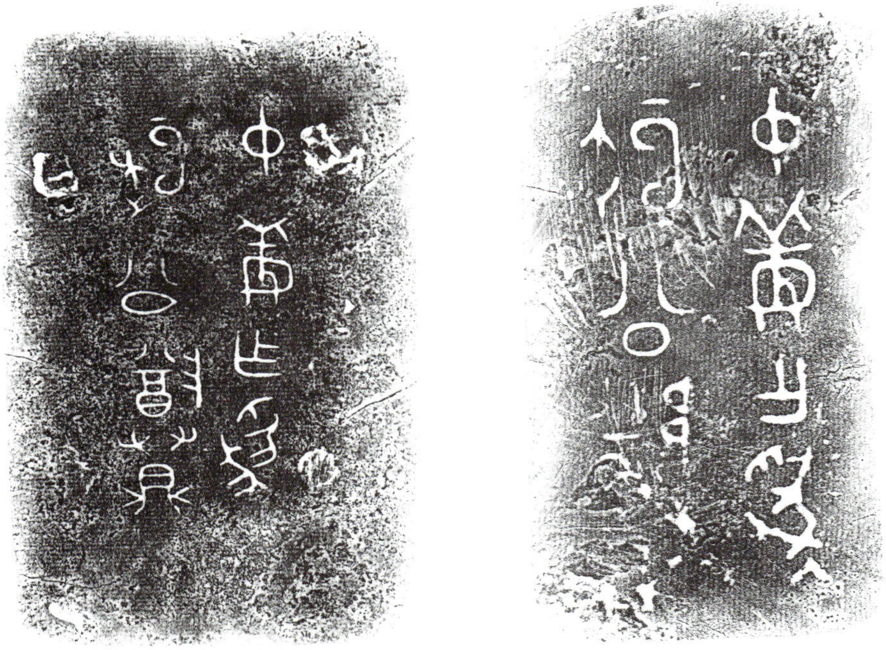

铭文拓片（M26：142、143）

M26：142、143、144、146，两条鼎腿之间的相应内壁有竖款铭文两行八字，自右向左为：中（仲）姜作为桓公尊鼎。

铭文及拓片（M26：145）

M26：145，一条鼎腿相应内壁有錾刻铭文两行八字，自底而上，自左向右为：中（仲）姜作为桓公尊鼎。

簋

簋（M26：152、153、154、155），4件，其形制、大小、纹饰基本相同，簋通高约21厘米。都有盖，盖及器底皆有铭文，内容相同，且竖款排列，但款式稍有差异。

盖顶有喇叭形握手，器身鼓腹略微下垂，平底，腹两侧附兽首形双耳，兽长舌向下、向内弯曲呈半环形，圈足下承三矮扁支足。盖握作圈足状，圈足面中饰涡云纹，一周饰重环纹，盖缘与器口外沿各饰一周重环纹，盖面及腹铸成数周瓦棱纹，耳及垂珥两侧均饰阴刻线纹或卷云纹，圈足一周饰垂鳞纹，支足足根饰兽面，足下端饰兽爪纹。

盖及器底皆有铭文，内容相同，竖款，盖铭自右向左排列，器铭自左向右排列：中（仲）姜作为桓公尊簋。

簋（M26：153）盖缘与器口外沿重环纹拓片

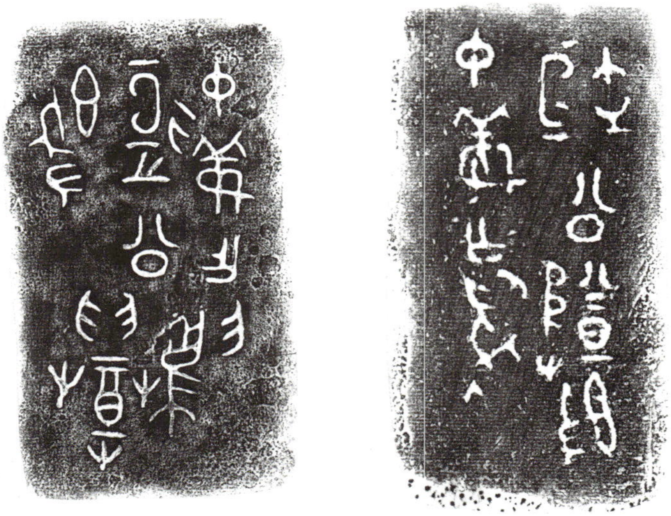

盖铭、器铭拓片（M26：154）

盖铭：中（仲）姜作为桓公尊簋；器铭：中（仲）姜作为桓公尊簋 。

盖铭、器铭拓片（M26：155）

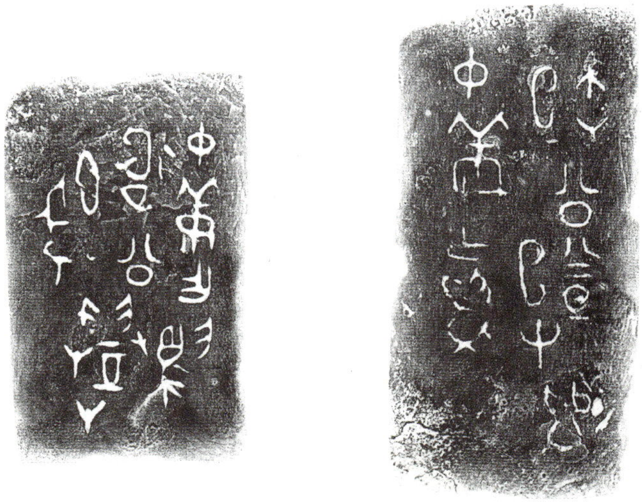

盖铭、器铭拓片（M26：153）

盖铭、器铭拓片（M26：152）

方壶

方壶（M26：140、141），2件，形制、纹样、大小基本相同。在盖内壁均有铭文：中（仲）姜作为桓公尊壶用。通高53.2厘米，重量有差异，其中较重的一个重17.69千克。

盖顶有长方形握手，握手顶部饰窃曲纹，握手饰垂鳞纹，盖面一周饰八组凸目窃曲纹。颈上部饰一周重环纹，颈下部一周饰八组凸目窃曲纹与一道凸弦纹。兽首所衔扁环正面饰首尾相接八组“V”字形龙纹，兽首翘鼻呈龙首吐舌状，龙身部饰重环纹，颈部铸有扉棱。腹部中间以“十”字形条带状凸栏线与菱形凸饰为界，上腹正面各饰二组“S”形双龙纹，侧面各饰二组卷体龙纹；下腹正侧面均各饰二组凸目盘曲龙纹。

器身颈部附一对兽首翘鼻龙首耳，兽舌下弯衔一圆形扁体环。

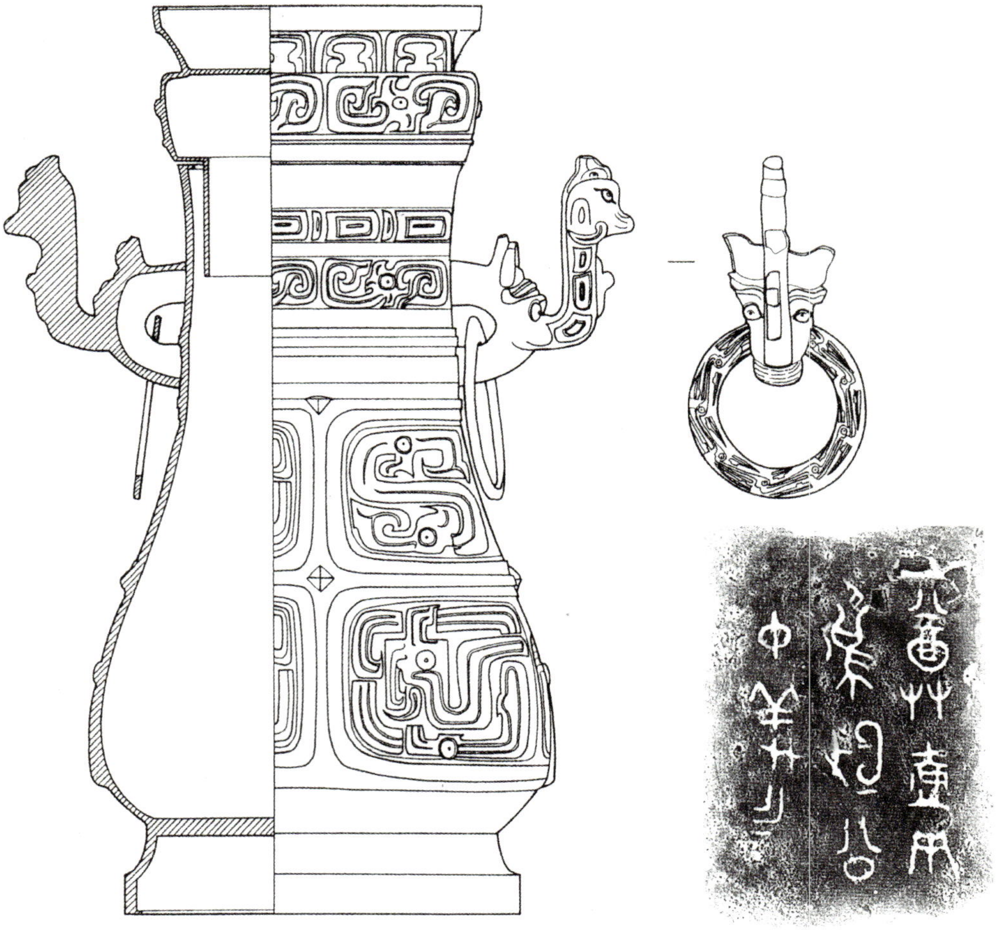

方壶（M26：141）线图及盖铭拓片

盖内壁有铭文三行九字：中（仲）姜作为桓公尊壶用。

M26: 140

M26: 141

甗

甗是由上面的甑和下面的鬲组合在一起的青铜器，为实用器，蒸食用具。甗（M26：156）通高42.2厘米，重12.49千克。甑体口沿下饰“S”形卷体长鼻龙纹，腹部饰一周波曲纹。下面的鬲为素面。

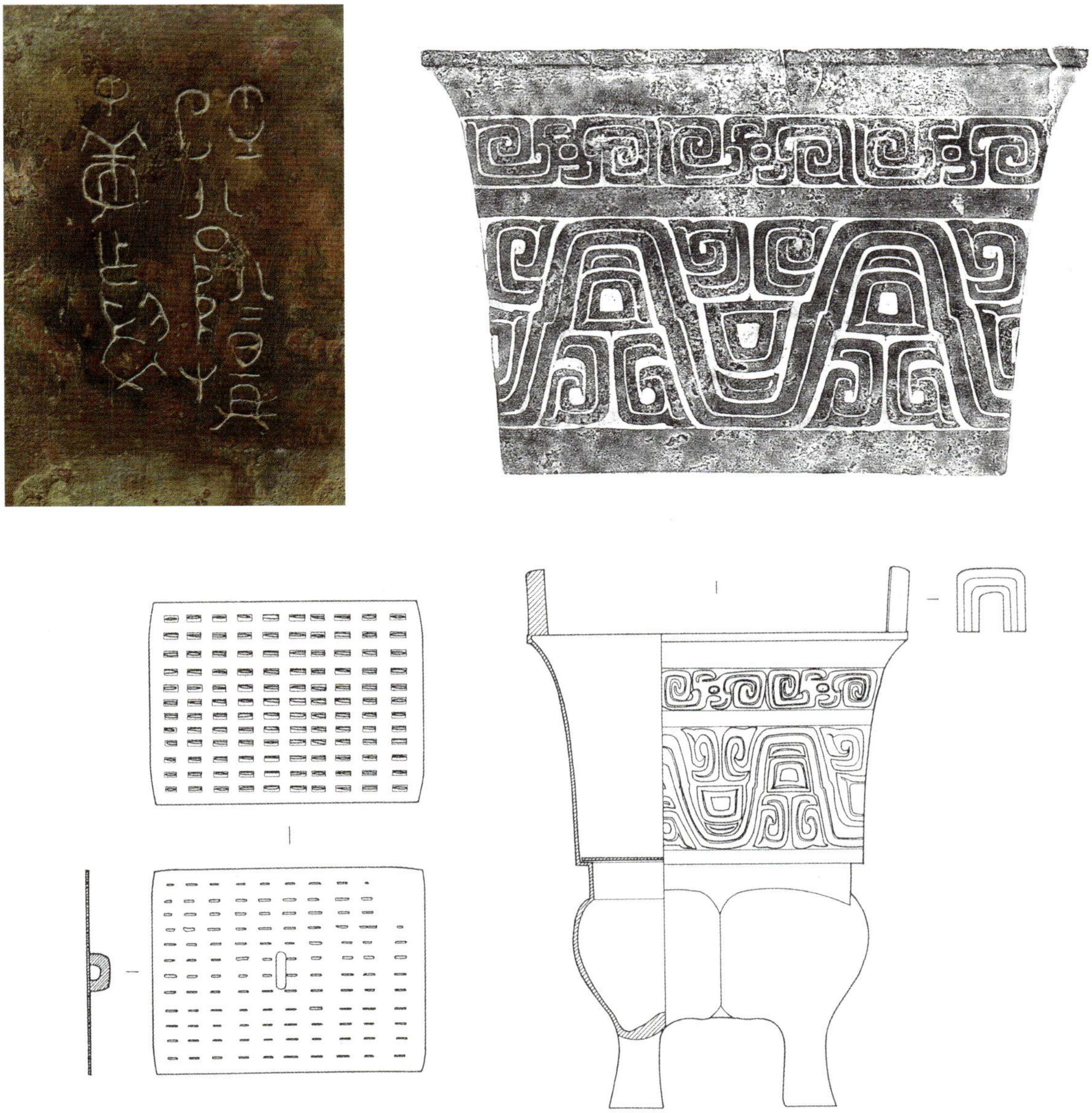

甗（M26：156）铭文、拓片及线图

甑和鬲连体部位有一个可以活动的箅，箅上有10排12行条形孔，箅中央有一半圆形提环。腹内壁一侧面铸有竖款铭文，自左向右为：中（仲）姜作为桓公尊甗。

鬲

鬲，共 5 件，形制、纹样基本相同，而大小、重量、铭文有别。根据铭文不同可分为 1 件芮太子鬲和 4 件芮太子白鬲。

芮太子鬲（M26：147），个体较大，通高 18.5 厘米，重 4.82 千克。宽平折沿，局部断裂，薄方唇，短束颈，腹外鼓，断面呈椭三角形，平裆，矮蹄足，下端肥大，内侧有一道竖向凹槽，槽内残留范土，腹部与足相对应处各有一个月牙形扉棱，扉棱两侧均饰六道阴线，腹部一周饰三组无目窃曲纹与曲体相背的双龙纹。

芮太子鬲（M26：147）拓片及线图

口沿部呈顺时针方向铸有铭文一周 14 字，重文 2 字，即：内（芮）大（太）子作铸鬲子子孙孙永保用享。

芮太子鬲（M26：147）

芮太子白鬲共4件，尺寸略有不同，通高12厘米左右，最重的鬲为1.735千克。宽平折沿，薄方唇，短束颈，腹外鼓，断面呈椭三角形，裆较平，矮蹄足，下端稍大，内侧有一道竖向凹槽，腹部与足相对应处各有一个月牙形扉棱，腹部一周饰波曲纹。

M26：148　　M26：150

芮太子白鬲（M26：150）铭文拓片

在口沿一周均铸有铭文，M26：148、149、150 呈逆时针方向，M26：151 呈顺时针方向，内容大致为：内（芮）大（太）子白（伯）作为万宝鬲子子孙孙永保用享。

M26：151　　M26：149

铜盉

铜盉（M26：157），盖呈长方形向上凸起，顶部有一雄虎握纽，虎作踏行状，四爪着地，双目怒视前方，尾斜下上卷。器口为长方形母口，较直，方唇，短束颈，腹腔呈侧置的椭圆扁鼓形，前有长管状直流，流口较直，后有龙首吐舌下弯成半环形的器鋬，腹下附兽形四足。盖顶一周饰卷云纹，虎纽四足足根阴刻卷云线纹；腹腔正背面均饰连体吐舌状双龙纹，双龙首对视，中间饰一牛首，前后侧面均饰重环纹；流管上面饰凸蛇形面身，背及两侧皆有阴刻蛇形细线纹，龙首器鋬呈长舌卷云状，长舌两侧阴刻卷云状细线，龙首顶附一对龙角，角外侧面阴刻线纹，两角中部凸一扉棱；兽足足底呈鸟爪状，侧面有阴刻线纹。通高 25.2 厘米，重 3.465 千克。

铜簠

铜簠（M26：159、746），2件，形制、大小、纹饰基本相同，通高16.8厘米。器盖与器身相同，均为长方形，敞口。窄平折沿，厚方唇，斜直壁下收，两侧腹壁上有一对半环形耳，平底，圈足的四面各有一“U”形豁口。口沿下饰一周无目窃曲纹，腹壁一周饰六组面首相对的长鼻曲体龙纹，腹壁上双耳为兽首，吐舌向上、向内弯曲呈半环形，圈足饰简易勾连云纹。

铜簠（M26：746）线图

铜簠（M26：746）拓片

铜盘

铜盘（M26：158），通高17.2厘米，重6.32千克。敞口，窄平折沿，方唇，浅腹，龙形附耳，近平底，圈足较高，下附3个矮支足。腹部饰一周卷体长鼻龙纹，两条卷体龙作附耳，龙目对视，口衔于盘口，头顶生一对菌状角，龙体下部四足相接于盘底，尾上卷，背部有一条凸形扉棱，圈足部饰一周卷云纹，支足足根饰兽面纹，下端饰兽爪纹。

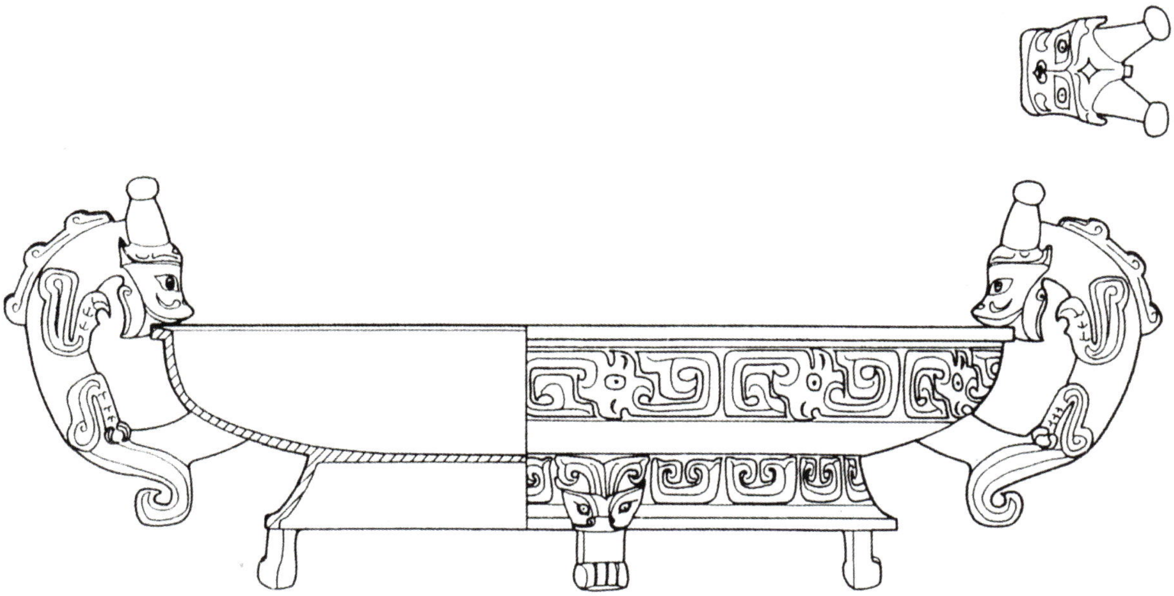

青铜弄器

两周时期的贵族有一些器形小、造型设计巧妙、铸造精良、可以作为案头陈放或观赏把玩之器，被称为“弄器”。弄器材质多以青铜为主，此类器物多出土于棺外或椁内，与青铜礼器摆放位置有别，其内可盛放首饰及美容用品等。

单把罐

套鼎

簋

M26 中 6 件精美的青铜弄器出土于外棺东侧偏北处，分别为套鼎、圈足匜、鍑、镂空方盒、贯耳罐、单把罐，最高的不超过 11 厘米，最重的不超过 1.2 千克。这些弄器造型巧工匠心，设计精美可人，反映出墓主人的趣味爱好。

以往考古出土过很多青铜礼器、兵器，很少出现青铜弄器，这 6 件青铜弄器的出土实属罕见。

贯耳罐

镂空方盒

圈足匜

套鼎

套鼎（M26：136）是6件弄器中最与众不同的器物，它是由一大一小两个鼎套叠、铸接在一起，这种完全铸接在一起的套鼎在国内是首次发现。

两个鼎形制基本相同，均是长方形，上面铸有方形耳，通高10.3厘米，重1.16千克。在小鼎的四个棱上各铸有一只爬龙。大鼎鼎足为裸体女奴，呈跪立状背负鼎身。小鼎器身纹饰因器形原因，无法看清；大鼎器身上部饰窃曲龙纹，龙头回望，龙眼圆睁，长长的龙鼻向上挺立，形如象鼻，舌头如弯刀吐出。

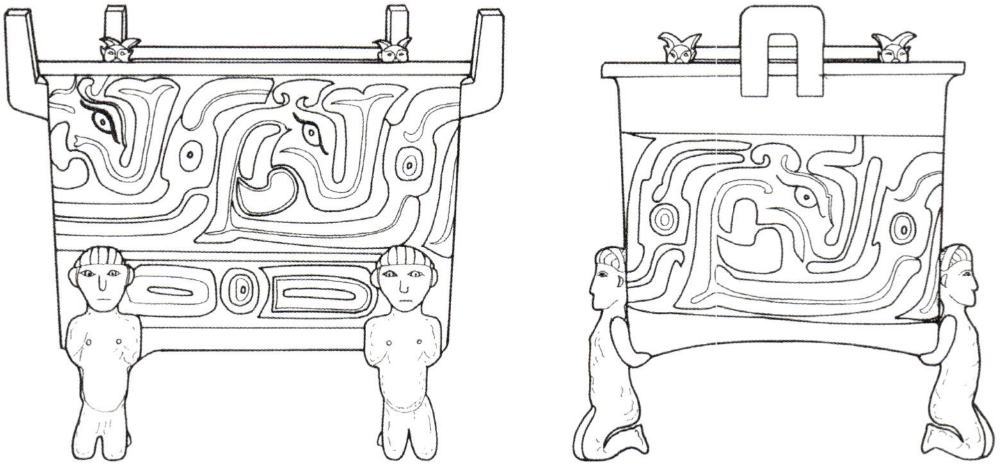

套鼎局部及线图

套鼎内的四条爬龙龙头外探，一副努力往外爬的样子。这种爬龙的造型在以往的青铜器上是不多见的。套鼎下面的4个足为裸体女奴造型，她们赤身裸体，双膝跪地，用两只脚支撑着臀部，上身向前微屈，两臂后伸，用力地背着这件套鼎，生动地反映了当时奴隶社会的景象。

圈足匜、鍑

匜是中国古代的盛水器，最早出现于西周中期后段，流行于西周晚期和春秋时期，它的样子有点像今天的瓢，前面延伸出来的部分称为流。由于匜的下部一般都有弧度，为了防止放置时倾倒，往往会在匜的底部铸有足。

圈足匜（M26：138）设计巧妙，铸造精美，流为龙首造型，龙角、龙眼都刻画清晰，前面隆起的部位则顺势铸造成了龙鼻。

鍑是游牧民族使用的炊器，和今天煮饭的锅一样，是一件实用器，通常是素面没有纹饰。

鍑（M26：261）是6件弄器中最小的，通高仅有6.6厘米，重175克。在设计上保留了大口锅两只立耳的造型，并在下面铸有圈足，鍑身也一改原来的素面朝天，而是刻满圆眼、卷鼻、吐长舌的龙纹，体现了民族之间文化的融合。

这两件器物作为弄器在中国国内被首次发现，可能是仲姜作为酒壶、酒杯来把玩的。

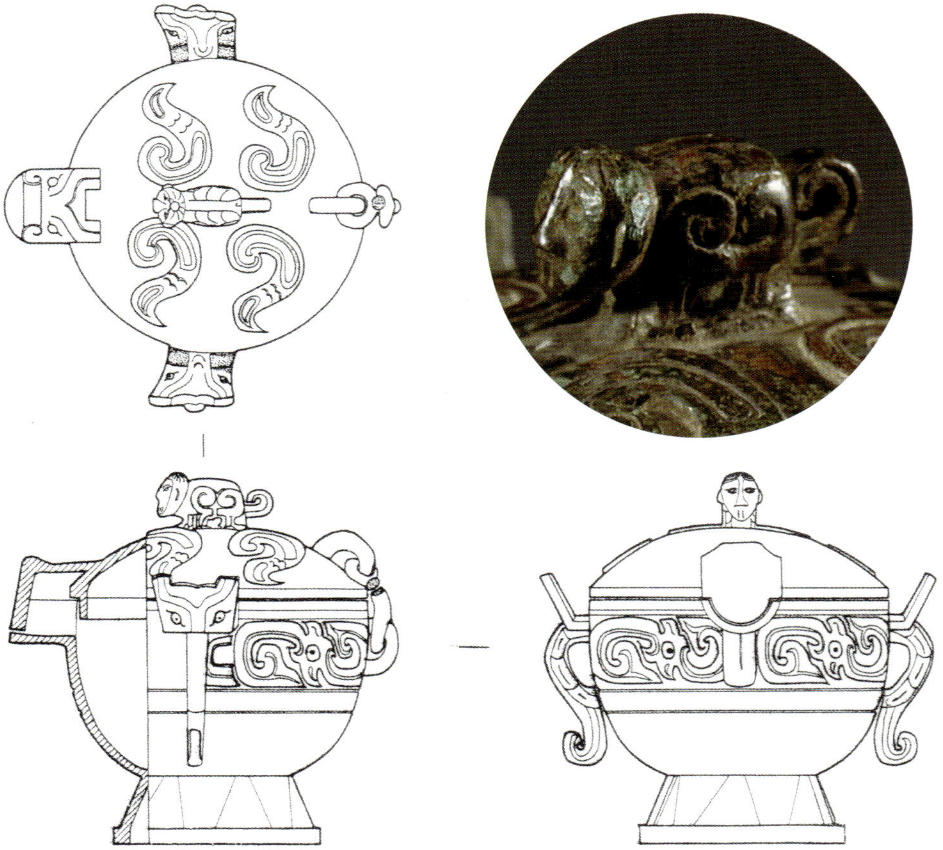

圈足匜局部及线图

在圈足匜的盖子中间铸有一个十分罕见的人面虎身钮，非常精巧。

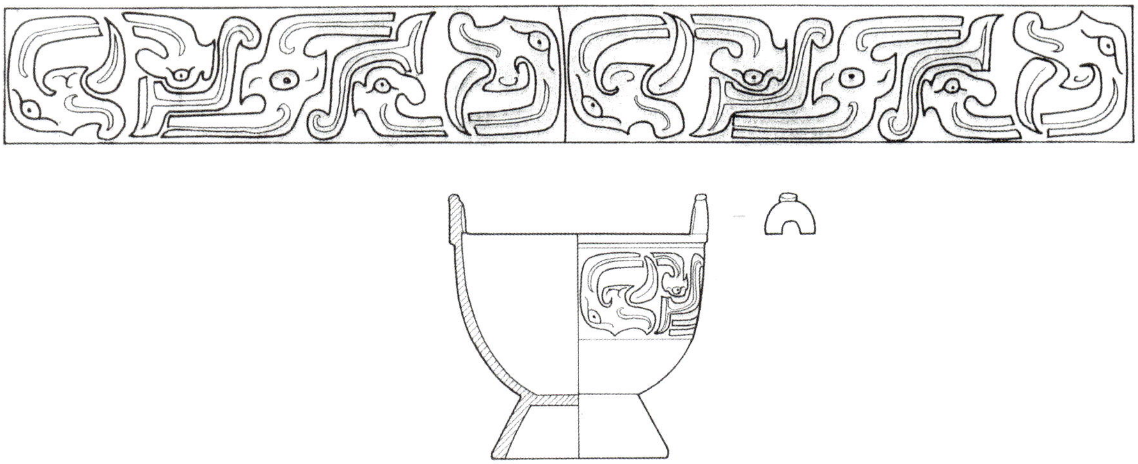

鍑线图

镂空方盒

镂空方盒（M26：135）是由盒身和下部的 4 个小兽足组成的，通高 10.9 厘米，重 1.13 千克。

盒身顶部为平顶，四周为斜坡状。顶部四壁垂直下折，盒顶四角略伸出四壁折棱，在盒身四壁作镂空处理。盒顶和四周装饰着不一样的纹饰，盒顶上是重环纹，四周则各装饰有对称分布的 4 条龙纹，龙眼大睁，龙舌外吐。

镂空方盒下面是 4 只老虎造型的足，老虎头部朝外，两耳竖直，双眼圆睁，嘴唇微微张开。而它的身躯则微微弓起，用肩部支撑着上面盒子的重量，上卷的尾巴粗壮结实，显得刚劲有力。另外，老虎的四肢前屈，虎爪后勾，做匍匐状，每只虎的前后肢间有一个小轮，小轮与虎身浇铸在一起，不能转动，轮子着地，老虎的爪子不着地，设计新奇、灵巧。

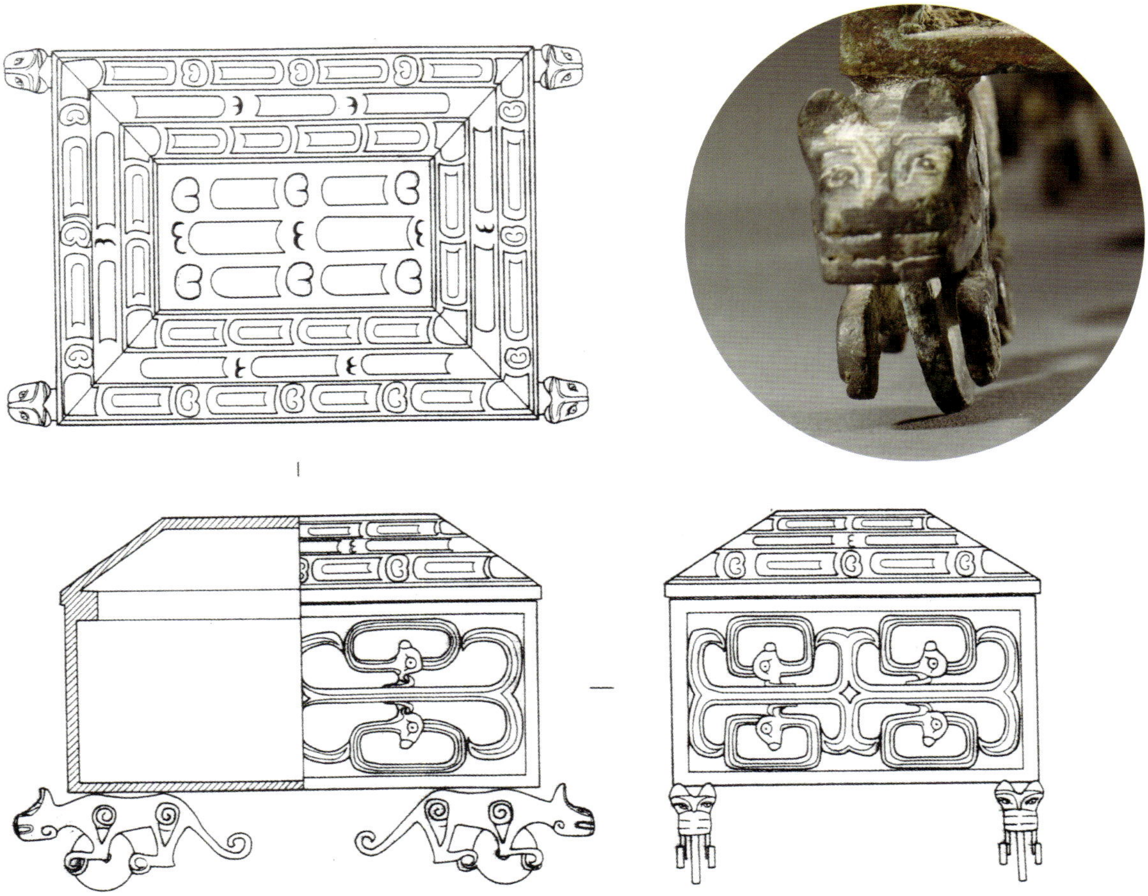

镂空方盒线图及局部

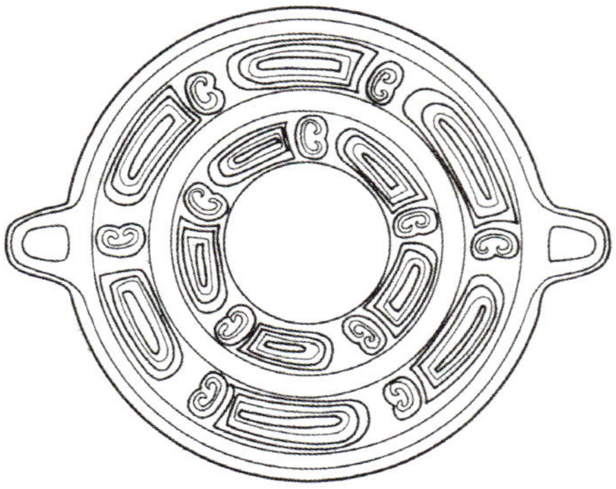

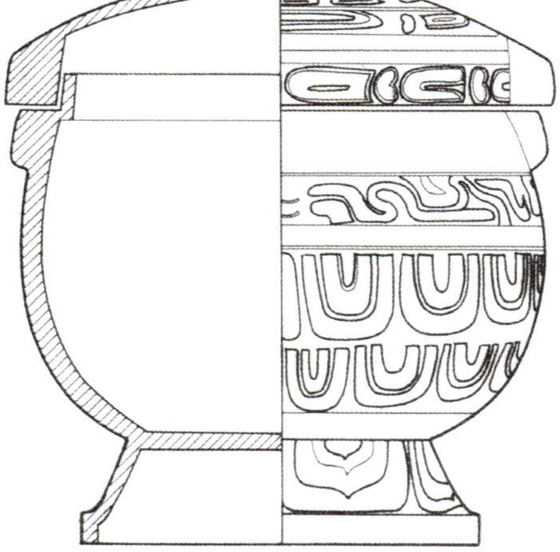

贯耳罐、单把罐

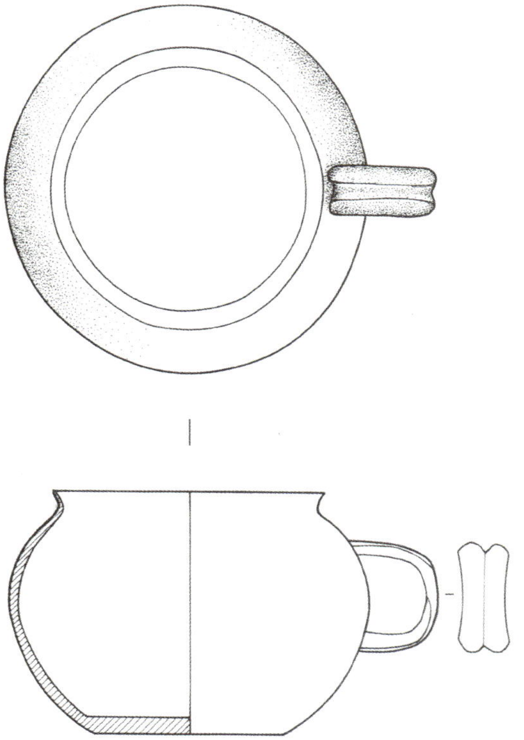

贯耳罐和单把罐造型虽然没有其他弄器那么精巧，但也颇有新意。

贯耳罐（M26：137），鼓腹，平底，高圈足，盖两侧对称突出的两个小钮盖和罐身的两耳相对应，并且有可以上下贯通的孔，因此被称为贯耳罐。整个罐上下都雕刻有纹饰，器盖饰重环纹，器身上部饰窃曲纹，下部及圈足饰垂麟纹。通高10.8厘米，重1.85千克。

单把罐（M26：139），通高6.6厘米，重325克，素面。乍一看像是个壶，但却没有壶嘴，在罐身上铸有一个把，通体没有一点纹饰，显得与众不同。

精雅奢华的贵族

古人常比德于玉，有“君子无故，玉不去身”的说法。梁带村芮国墓地出土玉器种类丰富，工艺精湛，风格各异，出土位置明确，组合关系清晰，不啻为一座古代玉器精品库，为周代用玉制度的研究提供了珍贵的考古资料。

26 号墓主人的身份显然比 19 号墓主人身份要高一个等级，墓葬中随葬器物极为丰富。墓中共出土各类玉器 571 件，而且几乎所有的玉器都保持在下葬时的位置。虽然看不清墓主人的躯体，但可以确定，下葬时墓主人的身上几乎铺满了玉器。

其中一组随身佩戴的七璜联珠组玉佩，是除 M27 之外，目前发现的唯一一组，M26 葬礼奢华程度由此可见一斑。

七璜联珠组玉佩

七璜联珠组玉佩由 1 件圆形玉佩（M26：677）、7 件玉璜（M26：656、657、658、659、660、661、662）和 727 颗玛瑙珠串联而成，出土时保存较为整齐，从墓主人的颈部一直延续到膝盖处。M26：657、660 为素面，其他璜均有纹饰。璜与璜之间玛瑙珠为 16 颗左右，数量较为一致，左右两侧玛瑙珠数量对称分布，使每件玉璜在佩戴时能保持水平状，复原后总长约 91 厘米。

璜（M26：661、662）

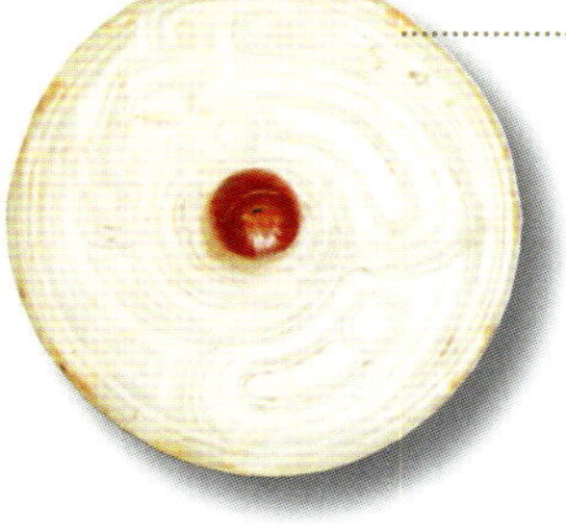

圆形牌（M26：677）

圆形玉佩为白玉制成，直径 4.3 厘米。两面雕刻，纹饰相同。

璜（M26：656）

青白玉制成，宽 16.7 厘米，正面采用西周中期常见的斜坡刀工艺雕琢，中央为线条流畅的“臣”字眼，两旁各雕有一条完整龙纹，身饰羽纹。

璜（M26：661、662）

白玉制成，玉质细腻温润，半透明。这两件璜单面雕刻，背部素面并留有片锯切割痕，切割痕迹位置完全相同，所以它们应该是一件玉料从中对开而成。

梯形牌组玉佩

梯形牌组玉佩出土时佩戴于墓主颈部与胸前，以梯形牌为上下连接中心。复原后长度为100厘米。

梯形牌为白玉制成，因受沁局部有黄色斑块，玉质细腻，微透明。形状为等腰梯形，上窄下宽，正面上部琢有繁缛的兽面纹，倒八字眉，眉毛极细，杏核目，双角由两条龙纹构成，脸颊部分亦琢有龙纹，该兽面方向与佩戴方向上下颠倒。中部及下部琢制10条龙纹，有些琢出龙目、口、鼻，还有些仅表现口、鼻，缺少龙身、龙尾。其背面没有任何雕刻，为素面。

梯形牌上端对穿9个牛鼻孔，与圆形玉泡、玉管、玉珠、玛瑙管、料珠互相串联成封闭状，集束于圆形玉泡，佩戴于墓主颈部。

梯形牌下端对穿11个牛鼻孔，与玉方管、玉龟、玉珠、玛瑙管、料管、料珠相互串联成放射状。从排列看，玉器类组件玉管、玉龟、玉珠与玛瑙管、料管、料珠相互间隔串联，以增加色彩的变化，充分反映出当时人们的审美情趣。

梯形牌（M26：587）拓片

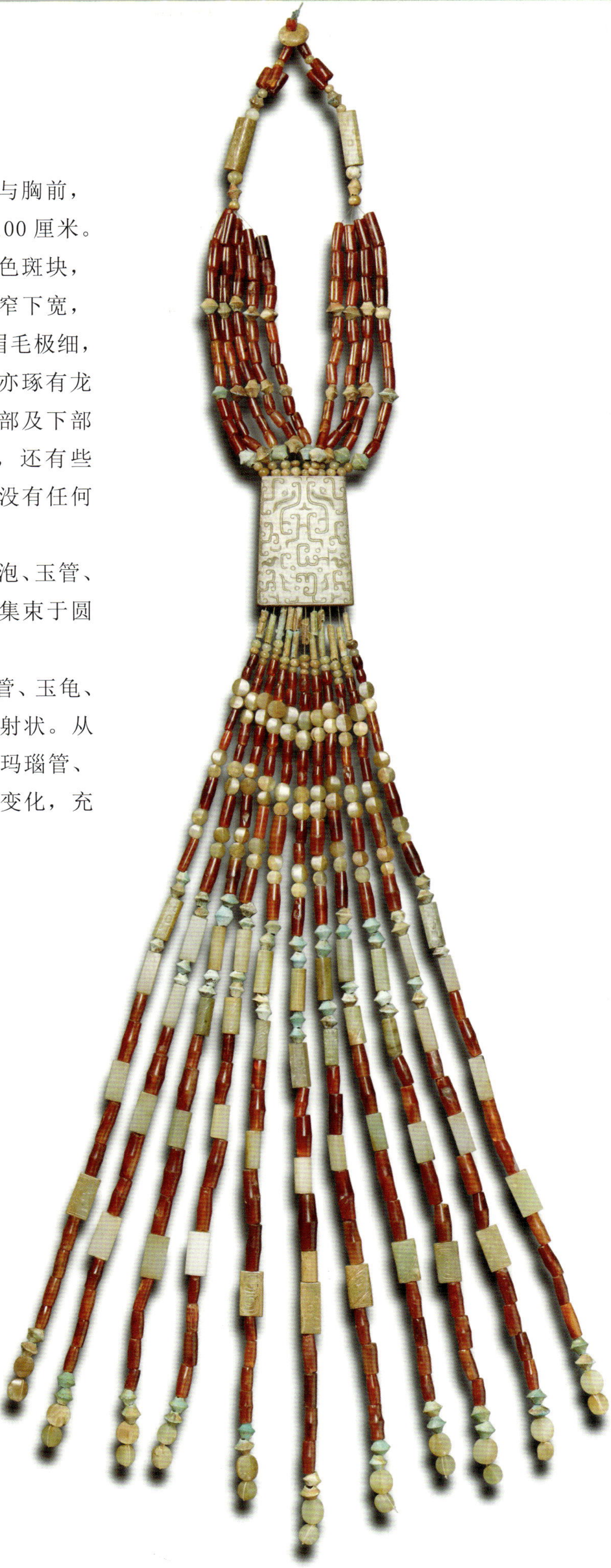

玉牌组合项饰

这组玉牌项饰出土时佩戴于墓主人颈部，共 86 件（颗），由蹄形牌、束绢牌、镂空牌各自两端 4 个牛鼻穿孔与玛瑙珠分两排相间串联一周，复原后周长为 88 厘米。

项饰中只有 1 件蹄形牌，出土于墓主颈后部，为白玉制成，正面呈青黄色，背面白化严重，玉质细腻光润，微透明。上端凹弧，下端外凸，正面微鼓，背面平整。正面饰垂鳞纹，背面素面。背面有两排共 3 组竖向牛鼻穿孔。

束绢牌 7 件，多为改制器。接近长方形，束腰明显，两端各琢有凹槽。正面饰束绢纹及重环纹，背面素面，且多留有原器的钻孔痕迹。两端各有两个牛鼻穿孔。

镂空牌 6 件，形状接近长方形，一侧微弧，一侧相应内凹，疑为玉环改制，两侧均呈齿棱状，两端各钻有两个牛鼻穿孔。

玉牌之间以玛瑙珠间隔，一般是外圈 3 颗，内圈 2 颗，较有规律。束绢牌与镂空牌两种玉牌相间连接，以增加观赏性。

蹄形牌（M26：675）正反面

束绢牌（M26： 685）

镂空牌（M26： 693）

手镯组饰

26号墓主人除了身上佩戴很多串饰外，在她的左、右手腕部佩戴着由玉手镯和各种玉器、玛瑙组合而成的腕饰组佩，玉手镯上有两个穿孔，与一组“U”形串饰相连接。

左手手镯组饰出土时佩戴于墓主左手腕部，共59件（颗），由玉蚕、玉龟、玉贝、心形佩、玉珠与玛瑙珠间隔串联组成。

右手手镯组饰出土于墓主人右手腕部，共26件（颗），由玉蚕、玉贝、玉龟、心形佩、玉珠、玛瑙珠串联组成。

左手手镯组饰

右手手镯组饰

玉镯（M26：268）

组合腕饰

左手腕饰出土于墓主左手腕部，共79件（颗），由玉牌为主体，利用玉牌四角穿孔，分别连接两条“U”形串饰，串饰分别由玉兽面、玉蚕、玉贝、玉龟同玉珠、玛瑙珠相间串联而成封闭状，玉器间隔玛瑙珠一般为4颗，个别为3颗。各个组件在两条串饰中的排列位置完全对称，复原后周长均为28厘米。

右手腕饰出土于墓主人右手腕部，共135件（颗），以1件玉牌为主体，利用玉牌四角穿孔，分别连接两条“U”形串饰。腕饰分别由玉兽面、玉蚕、玉贝、玉龟与玉珠、玛瑙珠相间串联而成封闭状，各个组件在串饰中的位置完全对称。复原后周长均为31厘米。

组合玉握

墓主人左右手中各有一组非常特别的组合玉握，一般的玉握通常只是一件玉器，这两组玉握除了中间的玉管之外，还有许多玛瑙制成的蝉、龟、牛等小物件，显然这与墓主人的个人喜好分不开。两组玉握复原后周长均为35厘米。

左手玉握出土于墓主左手掌部，共288件（颗）。利用玉握两端牛鼻穿孔，连接8条串饰，每条串饰的组件不同，但均为玉器与玉珠、玛瑙珠、料珠间隔串联，玉器组件有玉兽面、玉贝、玉蚕、玉龟4种。出土时排列较为整齐，据此复原下葬使用情景，手握玉握，串饰则覆盖于手背之上。

右手玉握出土于墓主右手部，共204件（颗）。与左手握串饰的编排方法、组件的构成及使用方法基本相同，由玉管、贝、蚕、龟、珠组合而成，缺少玉兽面。

右手玉握

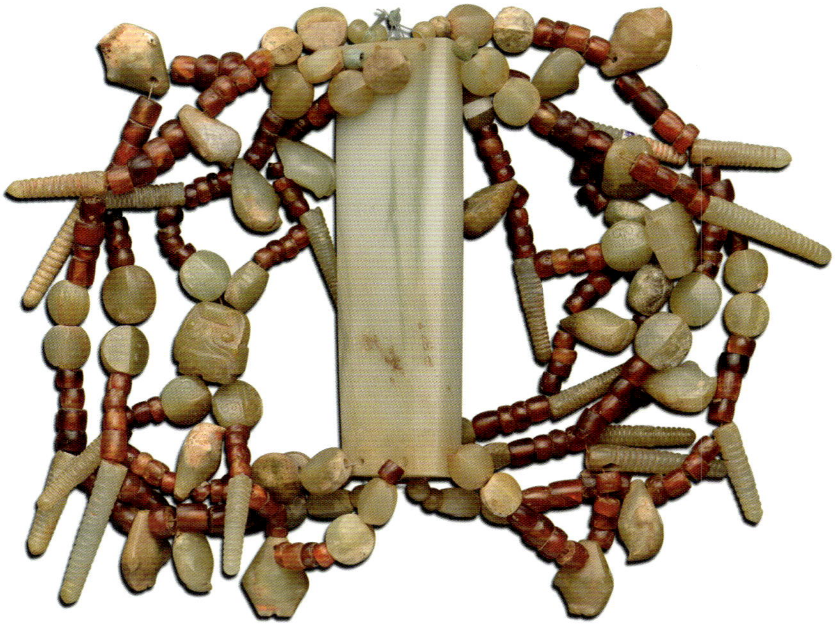

左手玉握

煤精龟组合项饰

煤精龟组合项饰（M26：181）共58件（颗），由方形玉饰、玉觿与煤精龟、珠单排串联而成，复原后周长为70厘米。出土于内棺西南角。项饰以最上部的玉饰为集合点，向下各有8颗煤精珠连接一玉觿后再连接39颗煤精龟而成。

煤精龟

39件。形制基本相同，近圆形，腹背部有脊，均为纵向两面钻孔，大小有别。素面抛光。

玉玦

玉玦（M26：174、180）分别出土于墓主左、右耳部。青玉制成，单面饰双首缠尾龙纹。外径 5.8 厘米，孔径 2.5 厘米，厚 0.4 厘米。

玉玦（M26：174、180）拓片

M26：174

M26：180

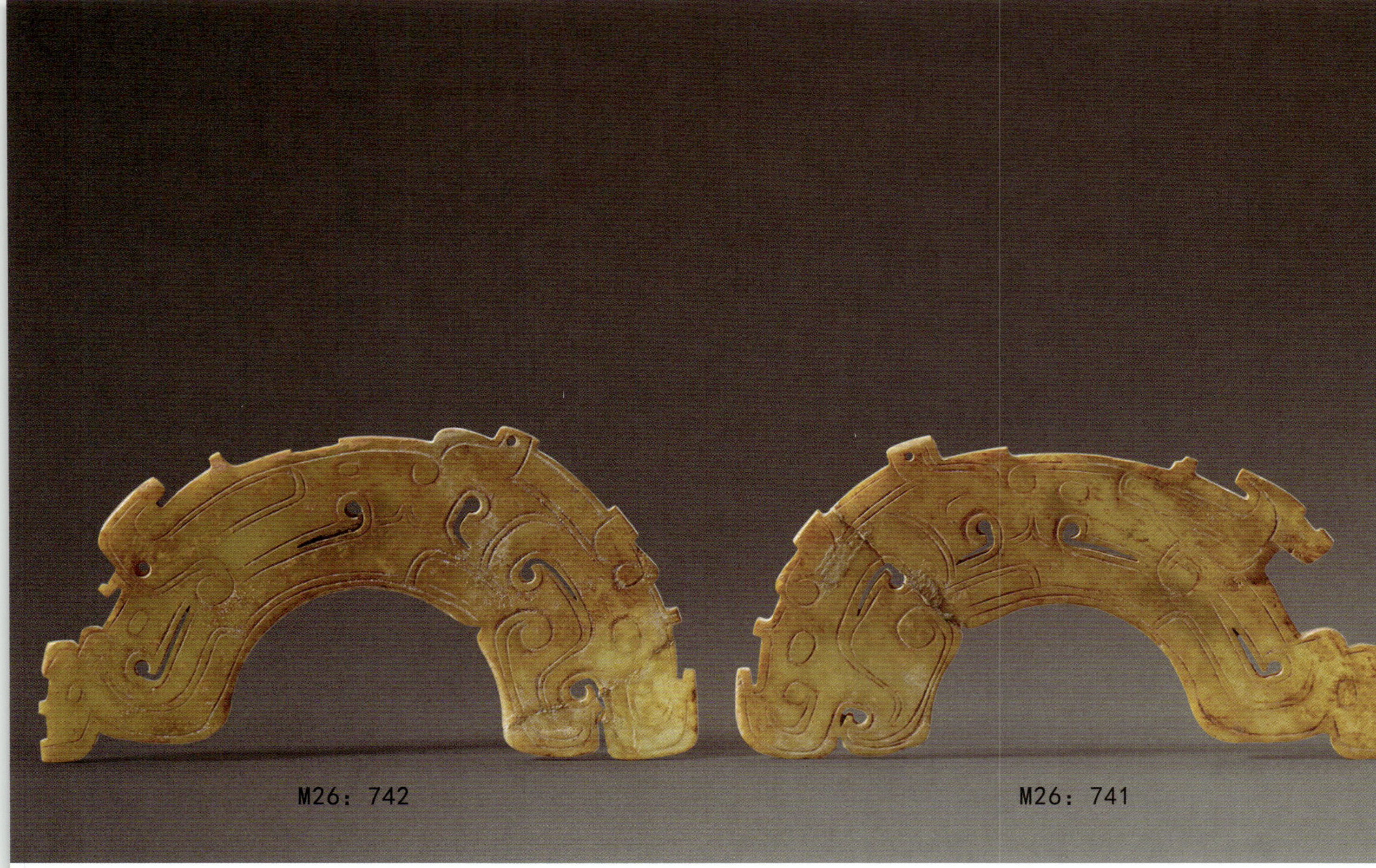

玉璜

玉璜（M26:741、742），2件，出土于墓主下腹部。青白玉，局部受沁有黄色斑点，玉质细腻，微透明。片雕，两面饰镂空椭圆目短尾双龙纹。在外侧龙纹背部和尾部各有一椭圆形眼。

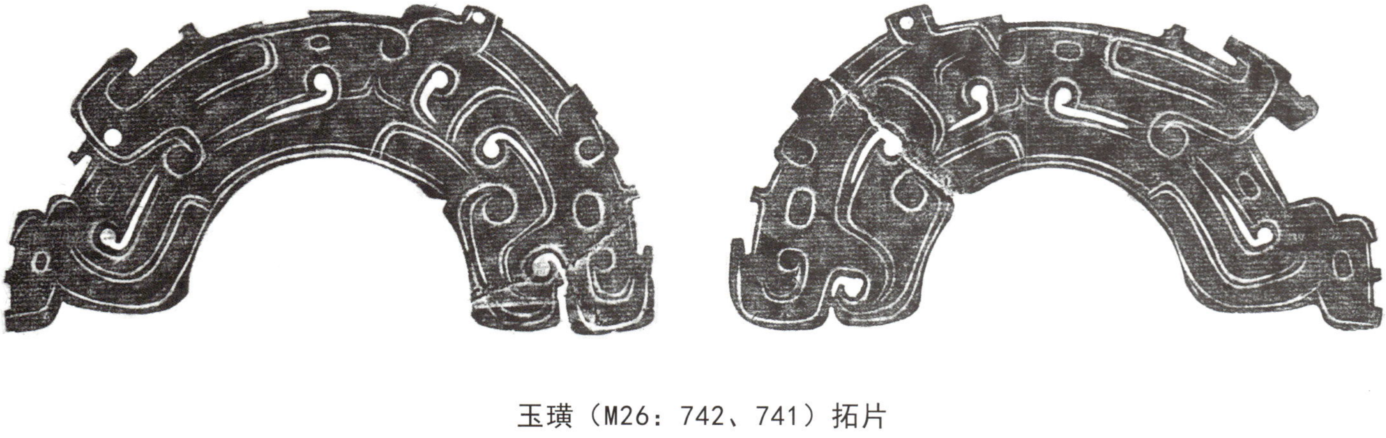

玉璜（M26：742、741）拓片

回首凤鸟佩

回首凤鸟佩（M26：171），出土于墓主右肩外侧。青白玉，受沁呈黄褐色。勾喙高冠圆眼，阴线刻出羽毛，整个鸟身呈回首收翅展尾状，尾部有一穿孔，两面雕琢。长6.6厘米，高2.5厘米，厚0.4厘米。

花蕾凤鸟佩

花蕾凤鸟佩（M26：653），出土于墓主胸腹部。青白玉，受沁有棕褐色斑纹。玉质细腻，半透明。整体作花蕾状，花蕾下左右各饰一凤鸟首部，两鸟身躯共用，花蕾亦作为鸟冠。鸟身下端为一近方形凸起，其上有圆形单面穿孔。双面饰纹，花蕾饰有花瓣纹和平行阴线纹，鸟身饰兽面纹。整体构思巧妙，花鸟完美结合。高 5 厘米，宽 4.2 厘米，厚 0.6 厘米。

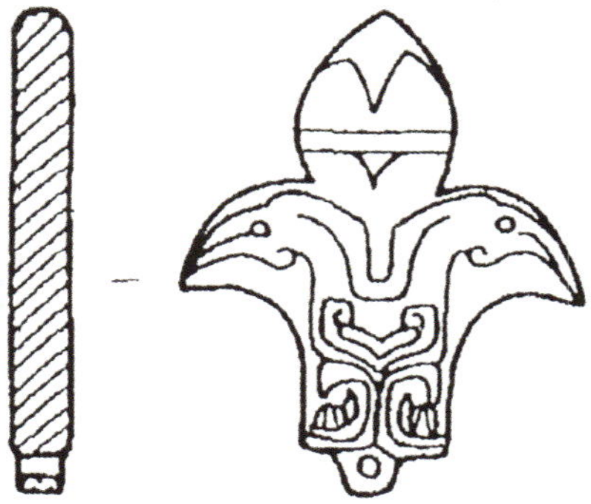

牛形佩

牛形佩（M26：260），出土于墓主左手部。青玉，受沁呈土黄颜色。圆雕，耳、目清晰，头上有双角，阔嘴厚唇隆鼻，短尾，粗腿直立，鼻部有一穿孔。高 2.5 厘米。

M26：641 背面

M26：643 背面

圆雕鸟形佩

圆雕鸟形佩（M26：640、641、642、643、644），5 件，出土于墓主胸部，均组佩组件，已散乱，不知归属。M26：643 与 M26：640 最高，为 2.8 厘米。

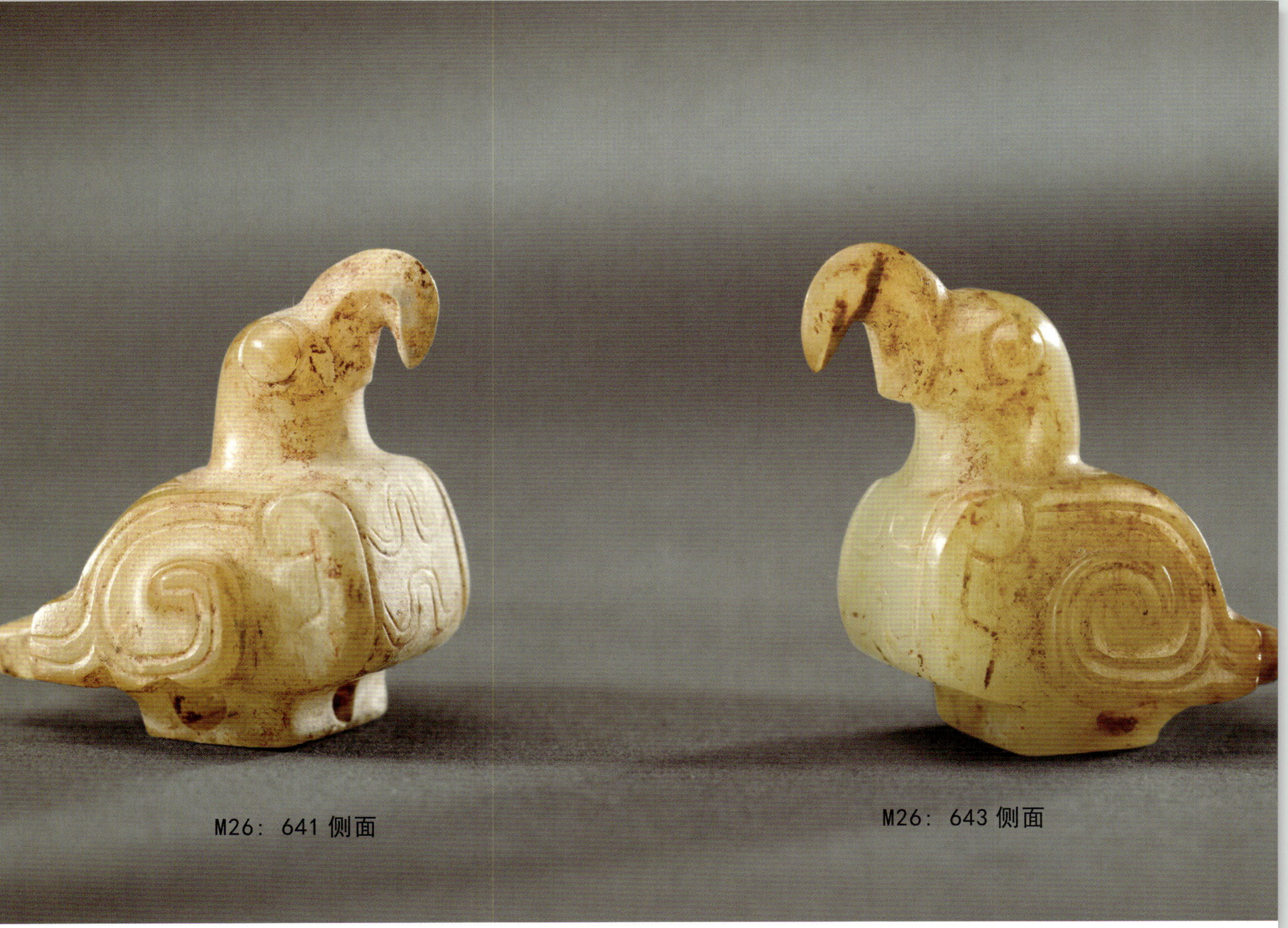

M26：641 侧面

M26：643 侧面

人形佩

人形佩（M26：186），贵族女孩形象，出于墓主腰下右侧。青白玉，豆青色，玉质细腻润泽，局部有棕黄色沁斑，微透明。圆雕，正面站立状，背面较平齐。玉人头顶扎两龙角形小辫，发梢由前额向后脑顺齐下垂，发丝精细，面部细眉杏眼，宽鼻上凸，长方耳，两肩平直，双臂自然下垂与身腹呈镂空，双手并拢于腹部，两腿平行直立，双足并拢成榫卯状，正中有一穿孔，身着阔领斜襟齐肩长袍。高 5.8 厘米。

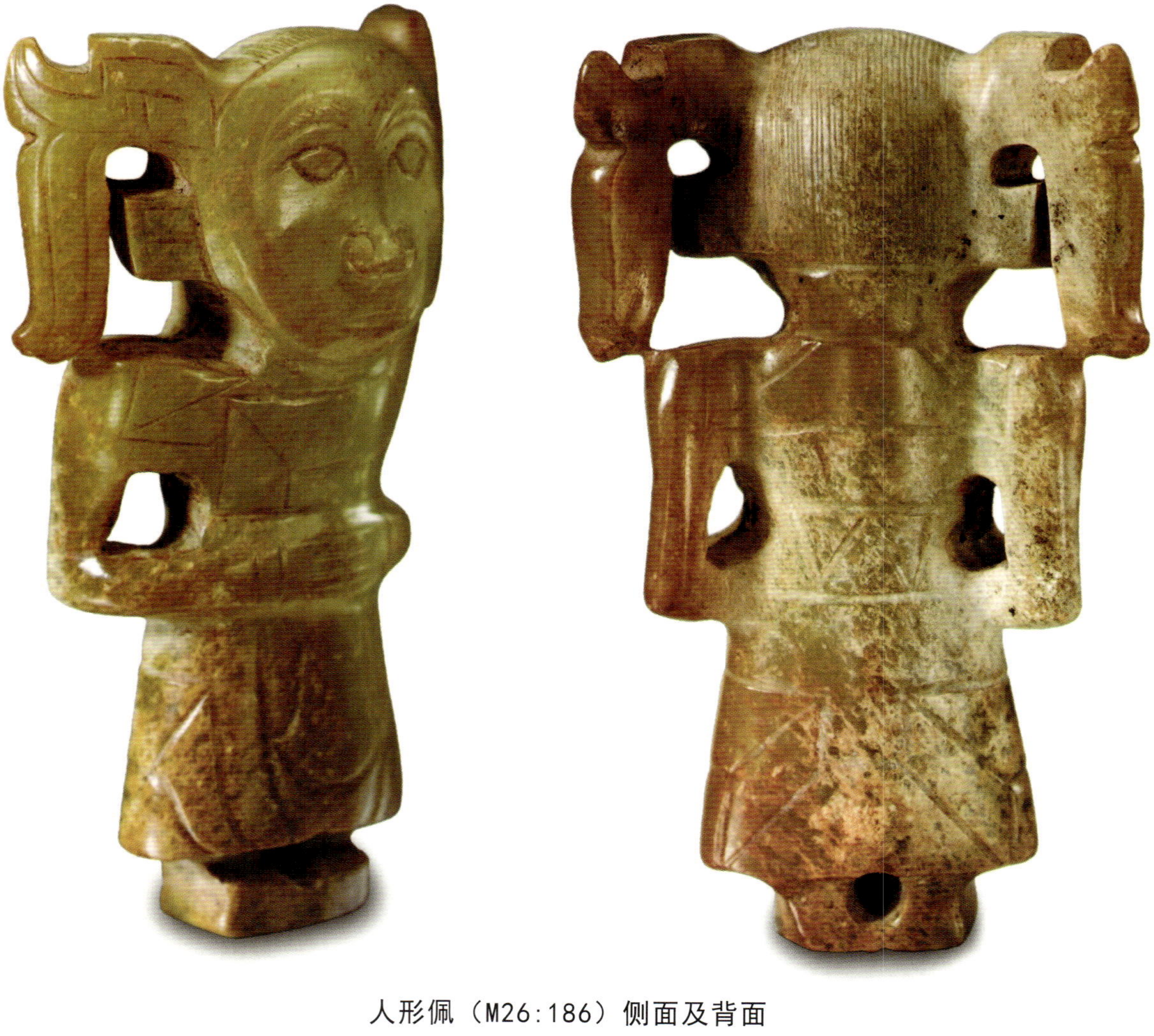

人形佩（M26:186）侧面及背面

人形佩

人形佩（M26：266），神人形象，出于墓主右手下侧。青白玉，受沁略泛黄色，半透明。圆雕，呈站立状，发髻高竖环绕至后颈，高鼻大耳深目，口微张。双臂收于胸前，双臂下方各伸出羽翅。双腿直立，足部雕成台状，中央对穿一孔，高 7.7 厘米。

M26：266 正、背面

玉管

玉管（M26：170），出土于墓主右肩外侧。青白玉，冰清色，通体受沁呈浅黄色。玉质细腻，微透明。器身呈管状，上细下粗，自上而下交替饰四组两种单阴线纹饰，图案分别为“V”形波曲纹和斜角云纹，其间以双平行线间隔，最下部饰一周三角形几何纹。高5.2厘米，上端外径0.9厘米，下端外径1.15厘米，上端孔径0.5厘米，下端孔径0.8厘米，壁厚0.2厘米。

龙纹贝

龙纹贝（M26：625、628），上端平齐，下端圆弧形，正面鼓起，中部两侧和下端浮雕4个乳钉状凸饰，并饰有波曲纹和重环纹，背面近平，中部纵刻一凹槽，尖端对穿一圆孔。长2.3厘米。

龙纹贝（M26：625、628）

玉管（M26：170）

盘龙形觽

盘龙形觽M26：665与M26：666成对，平面呈“C”形。玉质、形制、纹饰、大小基本相同，出土于墓主髋部。青玉，局部呈土黄色，玉质细腻，微透明。整体呈盘龙形，器身边缘雕刻有四组齿牙，双面工且均变体龙纹，但纹样不同，龙背部有一穿孔。

盘龙形觽（M26：665）

一面龙纹琢出龙口、鼻、角、龙鳞纹和羽纹，未雕琢龙目。在背部琢有一目，可能暗示另有神龙潜伏。另一面纹饰简单，仅琢出龙目、口、鼻、角和神龙躯干的外轮廓。长7.7厘米，宽2.1厘米，厚0.2厘米。

盘龙形觿（M26：666 ）

一面龙纹琢出龙目、口、鼻、角、龙鳞纹和羽纹。在背部琢有一目，可能暗示另有神龙潜伏。另一面纹饰简单，仅琢出龙目、口、鼻、角和神龙躯干的外轮廓。长 7.6 厘米，宽 2.0 厘米，厚 0.2 厘米。

盘龙形觿M26：175与M26：176成对，器形甚小，难以独立成器，当为组佩构件之一。两者器形、纹样、玉质、大小基本相同。出土于墓主面部，青玉，玉质温润，局部受沁呈灰白色，半透明。圆目、尖角，尖尾部外缘有残损。双面雕纹，龙身饰重环纹，长2.1厘米。

M26：175　　M26：176

盘龙形觿M26：667与M26：668成对，出土于墓主臀部。青玉，豆青色，大部受沁呈黄褐色，玉质细腻。龙口部有一“V”形切槽，脊部有一凸棱，两侧起脊，中部有对钻穿孔。素面，长3.9厘米。M26：667中部有2个对钻穿孔，M26：668中部有一个对钻穿孔。

M26：668　　M26：667

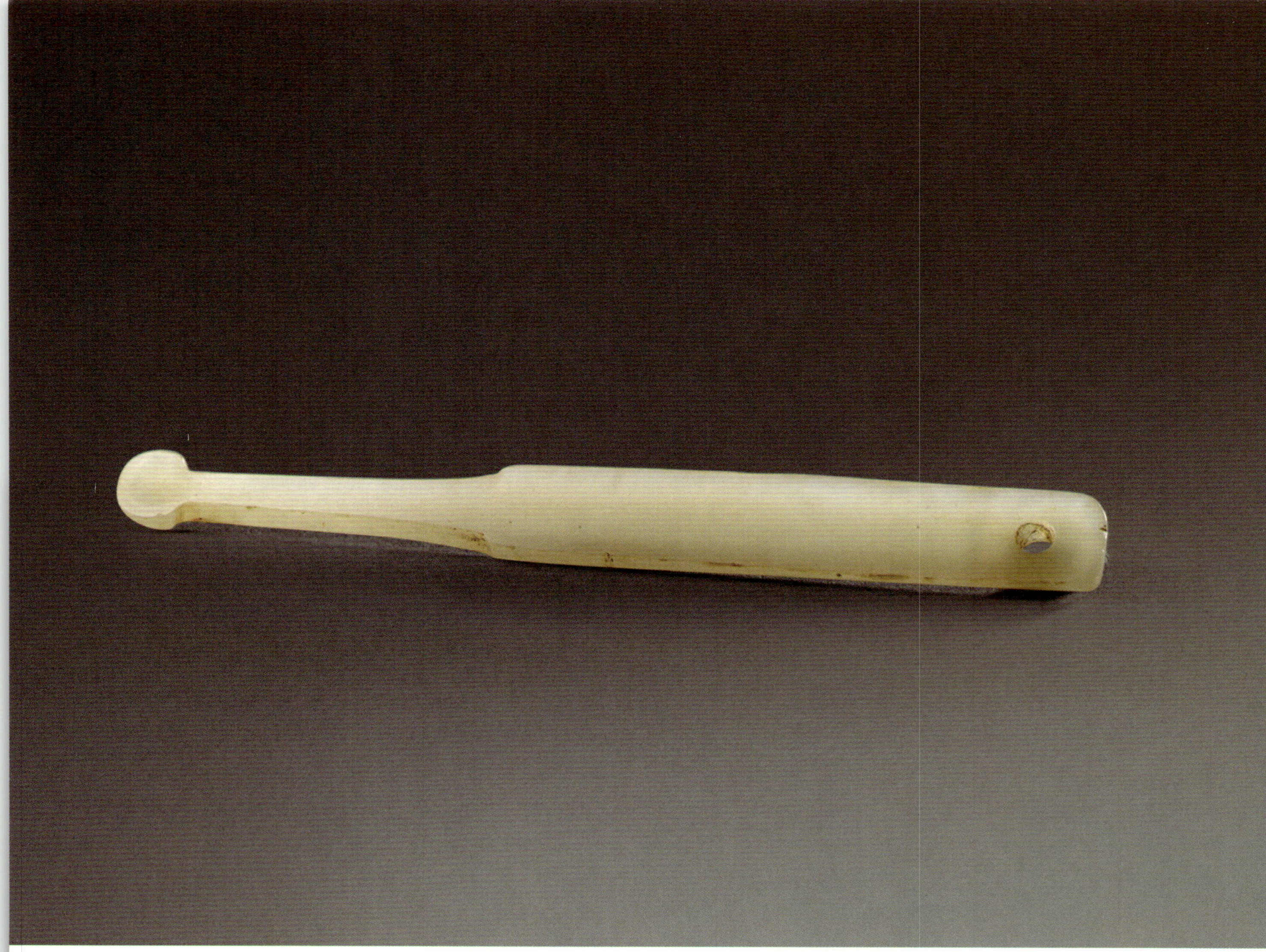

耳勺

耳勺（M26：173），出土于墓主左手下部外侧。白玉，青白色。玉质细腻温润，半透明。长条形，端部圆勺状，细颈，柄部稍宽，末端有一圆形穿孔，通体抛光，长 7.2 厘米。

玉兽面

M26出土玉兽面共3件，其中，M26：600与M26：601形制、纹样、大小、玉质基本相同。青玉，青黄色，全器受沁呈白化。上大下小，倒梯形。正面浮雕一兽面，卷鼻，自鼻中部用“V”形双平行线装饰，双螺旋角，背部平齐，钻有一椭圆形牛鼻穿孔，长1.5厘米。

玉兽面（M26:600）侧面及背面

玉兽面（M26:600）

玉匕首

玉匕首（M26：185），出土于墓主腰下右侧玉戚之上。青白玉，浅豆青色，局部受沁有棕黄色斑点。玉质细腻温润，半透明。整体呈匕首状，器身较薄，援上有脊刃，脊线由锋通至内，横断面为菱形，锋作圆弧状。内部顶端龙首之上有一对钻穿孔，两龙口部各有一小穿孔。内部略呈饰镂空“S”同体双龙纹，“臣”字眼，卷鼻，口吐长舌，长10.5厘米，宽2.4厘米。

柄形器

柄形器(M26：654)，竹节状。出土于墓主腰腹部。碧玉，青绿色。玉质细腻，半透明。长条形，体扁薄，柄部两侧束腰，末端平齐，正面上隆呈弧面，背面平整并有片锯切割痕。柄部饰两道凸弦纹，器身饰竹节纹，长19.6厘米，厚0.3厘米。

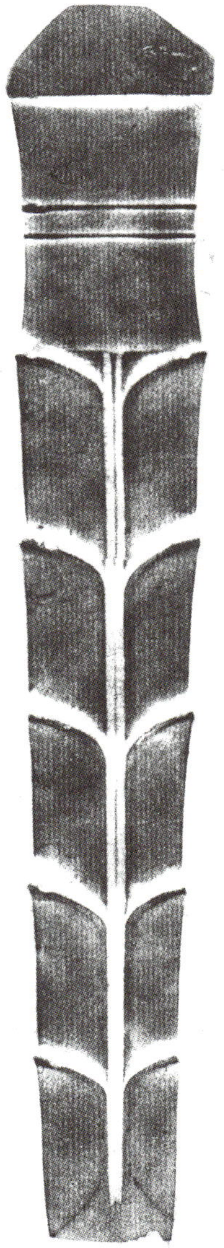

集古改制

在对梁带村的考古发掘中出现了大量造型精美的前代玉器，其中不乏年代跨度很大的古玉，对这些玉器的来历，学界说法不一。同时，还有由各类玉器切割而成的改制玉器，古为今用，在时光的流逝中，见证着芮国两周时代的独特社会风尚。

穿越时空的玉猪龙

26 号墓不仅出土了数量庞大的精美玉器，还发现了红山文化时期的玉猪龙和商代时期的玉器。

玉猪龙(M26:162)出土于内棺东北角。头部硕大，体卷曲为环，首尾相距较近，双耳呈圆弧状竖起，双目略凸，呈圆形，面部有多道隐现皱褶纹。头尾缺口处留有明显的切割痕，颈部对穿一圆孔。通体抛光，高 13.8 厘米。

经鉴定，这件玉器是标准的红山文化玉猪龙。红山文化的范围主要在辽河流域、内蒙古东部和辽宁西部，玉猪龙属红山文化时期的典型器物，这么大的玉猪龙就是在红山文化中心区里面出土的玉器里也算大个的。而且这件玉猪龙应该距今已有 5000 年，它却出现在 2000 多年前的两周墓地，实在是匪夷所思。

玉猪龙（M26：162）

玉戚缘面的刻字

商代时期的玉器

玉戚（M26：652）出土于墓主腰下左侧，青玉制成，呈豆青色，因受沁有棕黄色斑纹，局部白化，微透。圆形扁平体，较厚，中央穿孔。戚两侧有对称六道齿棱。素面，通体打磨抛光，外径11.8厘米，厚0.5厘米。

在这件玉戚缘面对称部位上有几个字，虽然字迹模糊，但依然能看出 “小臣奚□”四字（第四个字辨认不清）。

令人百思不得其解的是，玉戚上的文字“小臣奚”与青铜器上的铭文似乎没有丝毫关系。这个刻有“小臣奚”字样的玉戚怎么会出现在仲姜的墓中？

经过多番查阅资料，考古人员终于在三门峡虢国墓的资料中找到一件同样刻有“小臣”字样的玉戈，原来小臣是一个人的姓氏，他是一位商代的高官，喜欢收藏玉器，后来这件商代玉器辗转又到了26号墓主人仲姜的手里。

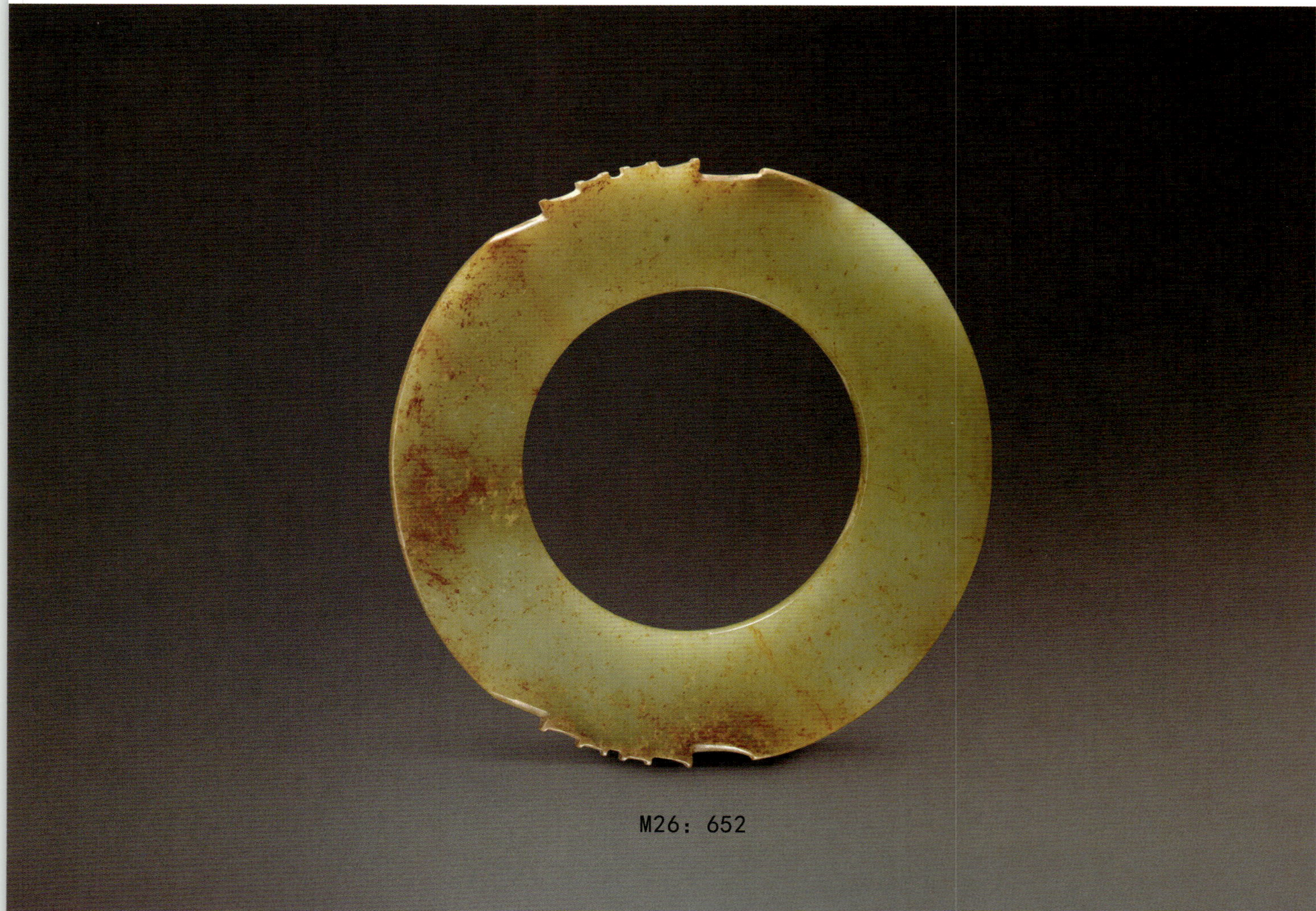

M26：652

改制玉器

在众多玉器当中，有很多经过改制的玉器。M26 墓主腹部右侧放置有两件漆木匣，均已完全腐朽，从漆皮分布位置分析，一号匣位于右手内侧，匣内盛装玉器及残料 62 件，二号匣位于右手偏下部分，其北部紧邻一号匣，匣内盛装玉器及残料 11 件。这 73 件玉器中，有些是改制玉器，还有一些为改制后的残件。

其中的玉柄形器就是一件经过改制后废弃的碎玉。长 6.5 厘米，宽 1.1 厘米，厚 0.3 厘米，青玉制成，受沁呈土黄色，两面有纹饰。

匣装玉器

玉柄形器

浮玉分器——早期玉器来源的一种可能

梁带村遗址发现了大量早于墓葬年代的玉器，据学者研究，这些早期玉器可能是周代“浮玉”和“分器”的结果。浮玉，即从殷商贵族手中获取；分器，不仅仅是简单地瓜分战利品，而是要通过“分器”来达到“展亲”的目的。芮是周之同姓，西周初年的芮伯地位尊崇，因此可以获得分器。经过长时间的辗转流传，很多玉器已失去了初始的使用功能，而被赋予了新的使用方式。

芮君

扑朔迷离的芮国君王

根据 M27、M26 等带有墓道的大型墓葬中出土的青铜器铭文，我们知道其为芮桓公及其夫人仲姜的墓葬。2007 年，考古人员又对梁带村遗址中的 M28、M502 等大型墓葬进行了考古发掘。令人疑惑的是，M28 及 M502 两座大墓与 M26 同样为带有一条墓道的“甲”字形墓，但墓中出土的随葬品种类和数量却远逊于 M26。

另外，M28 未见带铭文的青铜器出土，所以难以确认墓主身份。M502 中出土带有“毕”字的青铜器，也不可作为判断墓主身份的依据。并且作为国君级别的墓葬，M28 墓葬缺少玉器，而 M502 礼器的数量偏少，这些都是极为奇怪的现象，使两位墓主的身份显得扑朔迷离。

异乎常礼的葬仪

2007 年，考古人员于墓葬南区东南部发掘出一座“甲”字形墓葬，编号 M28。M28 墓的规模虽比“中”字形墓 M27 要小，但出土了礼器五鼎四簋、编钟 8 件、石磬 10 件，其墓葬中的礼乐器俱全，规格类似 M27，超过了 M19 和 M26。

在晋侯墓地中，各位晋侯随葬的礼器俱为五鼎四簋，可知五鼎四簋为诸侯墓应有的组合关系。因此，依据 M28 的墓葬形制、规模和随葬青铜礼乐器，可以判定其为诸侯国君之墓。但出土青铜器上未见铭文，仅可凭借墓葬年代推测墓主为芮桓公之后的一代芮国国君。

在 M28 众多随葬器物中，除玉戈外并未发现其他玉器，这与以往发现的周代高级贵族墓葬有所不同，且不符合当时“君子无故，玉不去身”的社会环境，这其中是否另有隐情？我们虽无法确知，但这一独特现象或与墓主的身世和经历有关。

大墓概况

M28 位于南区墓地的东南部，在 M27 东南方约 27 米处。墓室呈长方形，口长 5.4 至 5.5 米，宽 4 米，底长 5 米，宽 3.5 米。墓道位于墓室的南壁，长 19 米，墓室、墓道内填黄褐色五花夯土。

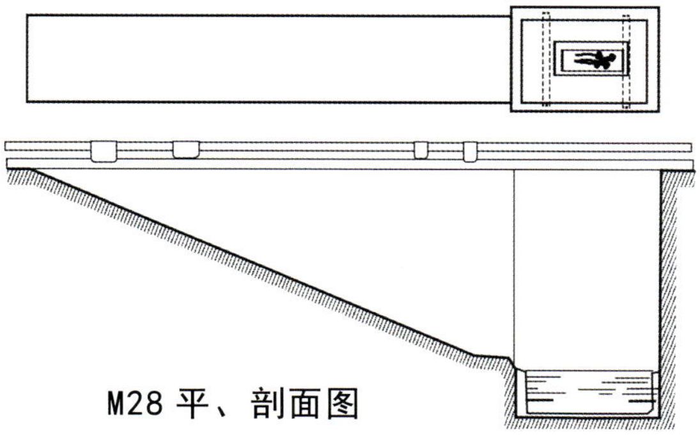

M28 平、剖面图

M28 葬具为一椁两棺。椁室是用木板围砌而成，椁、棺板已全部腐朽，只存朽迹。其中，椁顶板用 14 块木板东西向铺成，椁底由 15 块木板南北铺成，椁室的东西两侧分别由 7 块木板砌筑而成，南北两端分别由 8 块木板砌筑而成。椁顶上置有 6 件铜翣，分别两件叠成一对，由南而北一字形摆放。

随葬品有礼器、兵器、车马器、玉石器、漆器及装饰品等，均放置在棺椁之间的芦苇和竹篾席子上，其中，铜、石礼器分别放置在东南和西北角，兵器、车马器、丧仪品主要散放在棺顶和东西两侧及南端，漆器主要放置在东北、西北角，仅有少量出现在西南角。

青铜鼎之一（M28：96）

青铜簋之一（M28：97）

青铜鬲之一（M28：102）

青铜盉（M28 ： 92）

青铜盘（M28 ： 93）

青铜壶之一（M28 ： 99）

离奇身世的猜想

在梁带村遗址中除了 M28 之外，还有另一座“甲”字形大墓难以判断其身份，那就是位于北区西部的 M502。

大墓概况

M502 墓口呈长方形，整体呈“甲”字形，斜坡状墓道在墓室南壁中间，墓道全长为 16.5 米，宽 2.7 米。

椁室顶部及连接墓室的墓道北端的填土中，发现 5 辆马车。除了椁顶北端的 1 辆绘彩小车为辕南舆北整车放入外，其余均将车轮拆卸置于墓室的东西两侧二层台上和墓道近墓室处，车厢均应置于椁顶部位，但因椁室的塌陷被毁，残存的椁顶和倒塌的填土中可见局部残车遗迹。

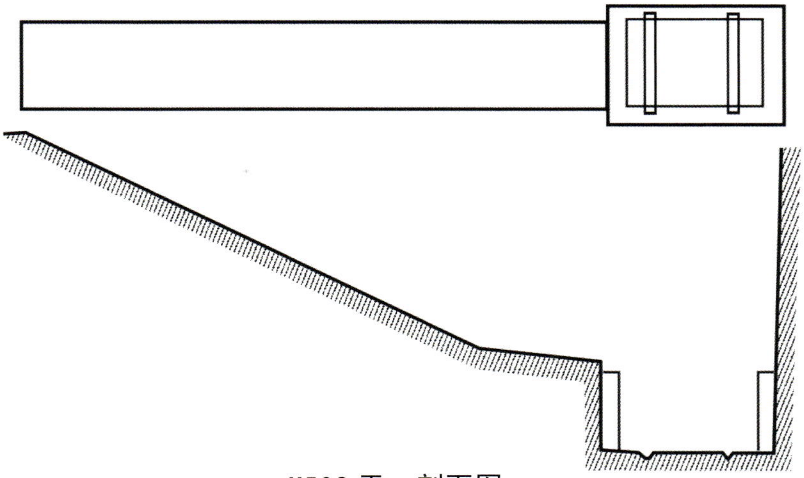

M502 平、剖面图

M502 葬具为一椁两棺，椁室长 3.92 米，宽 2.50 米，高 2.4 米。椁盖板上、内底及四壁均覆以竹或苇席，椁内有悬挂的铜鱼、石贝、蚌饰等组合的串珠。随葬品有青铜器、玉器、木俑和陶器等。青铜礼器鼎、簋、方彝、爵、觯、盘、盉及兵器戈、钺均置于棺椁之间空档的西侧偏北部，銮铃、络饰等车马器置于南侧。玉戈、玉铲、玉刀等置于内棺盖的中西部，墓主的颈部佩项饰一串，足腕部有璜和鸟形饰。4 件木俑分置于二层台的四个角上。

其墓葬形制与出土的兵器、殉车数量与同时期部分诸侯级墓葬类似，说明此墓可能为一代芮国国君之墓。但 M502 随葬品数量偏少，整体逊于南区同规格“甲”字形墓葬。礼器较少，且制作粗陋，缺少乐器，玉器数量及种类也不多，缺少显示身份的组璜佩饰，说明此墓主人身份偏低，似是卿大夫级别的贵族。

这种墓葬形制与随葬器物不相匹配的现象，成为确认 M502 墓主人身份的一大困扰。

周代贵族以分封制、宗法制和礼乐制实现了统治目的，传达了尊卑有序的社会理念。梁带村墓葬中，大型与较大型墓的墓主人与没有青铜器随葬的大量中、小型墓的墓主人之间有相当严格的等级身份与经济地位的差异，由此可反映出当时芮国社会成员于政治、经济地位上分化程度相当高。紧密的亲族关系与严重的等级分化并存，构成了当时芮国社会结构的特点。

宗族同息 生死相依

邦族墓地长眠的芮氏生民

血缘宗亲 贫富悬殊

由墓主身份看芮人社会结构

梁带村芮国墓葬群聚族而葬，是典型的以血缘关系为纽带的“邦墓”。7座大型墓葬陪葬丰厚，160多座中型墓葬仅两座有少量青铜礼器，1000多座小型墓葬多数没有随葬品，可见芮人社会贫富差距之大。

梁带村墓葬的时代分布

梁带村墓地最早形成于西周中晚期之际，大致经历了西周晚期、春秋早期两个较大的时间范围。

西周晚期：北区墓葬基本可以确定在这个范围内，年代约为周宣王早期至幽王时期，最早的墓葬有可能出现在西周中晚期之交。

春秋早期：南区和西区的墓葬均处于此阶段，但是西区墓葬整体要晚于南区。

聚族而葬

西周时期葬俗多以血缘关系为纽带，采用聚族而葬的形式。以王室、国君为主的贵族墓地称为“公墓”，以普通百姓为主的则为“邦墓”。

在梁带村上千座墓葬中，有大、中、小三类墓葬形制，且以M27为主的芮公及其夫人并没有完全独立的陵园，由此可以判定芮国墓地是带有原始氏族墓地性质的邦族墓地。

显贵公卿

在梁带村芮国墓葬群中，除了在带墓道的大型墓中发现了大量随葬品之外，其余墓葬随葬品均十分匮乏，尤其是2007年发掘的8座中型墓，仅有两座墓出土了少量青铜礼器，其余6座墓葬均未出土。可以显示墓主身份的只有铜翣一类，玉器、陶器等也很稀少，与其墓葬规格不相匹配。

大型墓葬出土器物概况							
墓号	墓主	墓葬形制	性别	玉器	金器	青铜器	其他
M27	芮桓公	"中"字形	男	48件/组	48件	大型礼器、乐器、兵器和车马器	铁器
M26	芮姜	"甲"字形	女	45件/组	无	礼器、弄器、车马器、棺饰	煤精串饰
M19	次夫人	"甲"字形	女	12件/组	无	礼器、车马器、棺环	漆木器、象牙器
M28	芮君	"甲"字形	男	2件/组	无	礼器、乐器、兵器、大量车马器	骨器、蚌器、漆木器、皮革
M502	芮君	"甲"字形	男	16件/组	无	礼器、乐器、车马器、丧仪器	石、陶、骨蚌、漆木器

中型墓葬出土器物概况						
墓号	墓主	性别	玉器	金器	青铜器	其他
M586	大夫或上士级贵族	男	21 件 / 组	无	礼器、车马器、装饰品	漆木器、贝蚌类
M17	大夫级别	男	4 件 / 组	无	丧仪器、装饰品	石圭
M31	士一级的下层贵族	女	8 件 / 组	无	丧仪器、装饰品	石圭、陶器
M35	大夫级别	不详	2 件 / 组	无	丧仪器、装饰品	陶珠、石圭、石坠、海贝
M2	士一级的下层贵族	男	5 件 / 组	无	装饰品	石坠、骨蚌器
M18	芮国武职身份贵族	男	2 件 / 组	无	礼器、乐器、车马器、丧仪器、装饰品	骨蚌器、漆器
M49	士一级的下层贵族	不详	无	无	装饰品	石器
M51	大夫级别	男	12 件 / 组	无	丧仪器、装饰品	骨蚌器

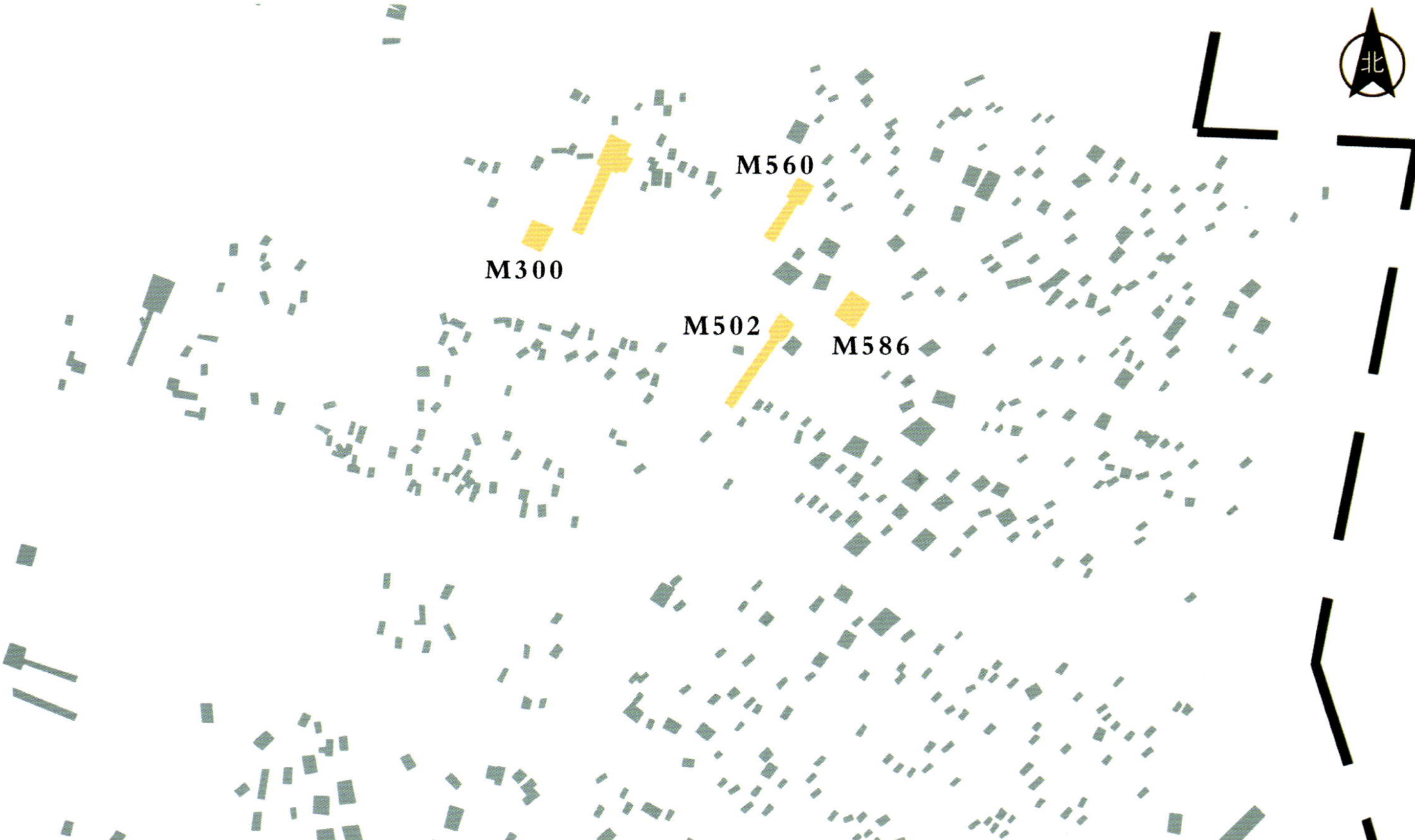

寒微平民

梁带村芮国墓地内的平民墓共计1000余座，普遍为单棺或一棺一椁的葬具，少量无棺，随葬品均贫乏。从布局来看，部分墓葬按照墓主人死亡的早晚顺序埋在同一个区域内，有规律地与大、中型墓葬排列在一起或在其左侧，墓主人可能与以国君为代表的姬姓宗室存在不同程度的亲缘关系。

小型墓葬出土器物概况

区域	墓号	随葬品
北区	M02	陶鬲1、罐1、石琀7、蚌壳7、蚌玦2
	M05	玉圭1、石片2、蚌片2、蚌琀6
	M508	铜带扣1、铜泡1、玉玦1、玉版1、玉铲1、玉饰片14、残玉器1、玉坠饰2、绿松石珠1、骨饰1、项饰1组、蚌环1、蚌片饰2、蚌壳2
	M517	玉琀17、玉玦1
	M518	玉玦1
	M519	陶鬲1
	M521	玉玦3、石环1、蚌刀1
	M525	残玉石口琀
	M526	玉玦1、陶鬲1
	M527	石玦2
	M529	泥器1、蚌壳1
	M532	陶鬲、盆残片，未复原
	M515	铜铃1、铜管饰5
西区	M1	石琀1
	M11	玉玦1
	M21	玉玦2、绿松石珠1、陶珠20
	M23	石版1

鱼跃拂池 敬饰柳翣

由墓葬遗迹看芮人丧礼葬俗

金玉在九窍，则死人为之不朽。
——晋·葛洪《抱朴子·对俗》

荒帷的首次认知。

中国第一个木俑的出土。

串饰、铜鱼、棺环、铜翣……芮国墓葬群中出现的大量棺饰遗物和痕迹，为研究两周时期墓葬提供了充分的资料。从殓葬习俗到饰棺之物再到祭祀用器，以点筑面，为我们全面揭示了芮人的丧礼葬俗。

殓葬之俗

殓玉

古人认为玉器有特殊的功效，以玉殓葬，施覆于人体各部位，可以保护尸体，防止腐朽。这类专门为保护尸体而制造的随葬玉器被称为殓玉或葬玉，主要包括玉衣、玉琀、玉握、九窍塞、玉枕等。

口琀玉（M26：738）

白玉，局部略有灰白色沁纹，玉质光泽温润，半透明。圆形，正面隆起，背面平齐。直径 1.1 厘米，厚 0.4 厘米。

玉牙托（M26：674）

出土于 M26 墓主口部。青玉，豆青色，局部受沁有黄白色斑纹，玉质细腻，器身呈半圆形，弦长 7.3 厘米，宽 4.3 厘米，厚 0.4 厘米。

发笄（M26：602）

出土于 M26 墓主头部。青玉，受沁泛黄。呈圆弧状，两端正面雕刻凸起兽首，圆眼凸起，倒八字眉，兽角向上卷起，其间刻有数道纵向鬃毛纹，方形鼻。兽首间饰有两组重环纹，重环纹间加饰平行线纹。弦长 7.2 厘米，宽 1.1 厘米。

殓席

殓席，古代大殓时殡尸用的席子。周代的礼制中有明确的殓席使用规定，如天子用竹席，大夫用蒲席，士用苇席。

君以簟席，大夫以蒲席，士以苇席。
——《礼记·丧大记》

M28 椁室内的竹席遗迹

殉葬

中国的殉葬制度始于殷商，以后历朝历代皆有殉葬习俗，到明英宗时，延续千年的人殉制度正式废止。

梁带村 M502 中发现的 4 件木俑，在西周考古中尚属首次，将我国古代墓葬殉俑的历史提早到了西周时代，比孔子说“始作俑者”的年代早约 300 年，比秦始皇兵马俑早近 600 年。

天子杀殉，众者数百，寡者数十；将军大夫杀殉，众者数十，寡者数人。舆马女乐皆具。

——《墨子·节葬下》

仲尼曰：“始作俑者，其无后乎？”

——《孟子见梁惠王上》

M502 殉葬俑

木俑发现于M502墓室四角，其中有两件高达1米，用整块木头雕刻出头部与躯体，再以榫卯结构连接单独雕出的手臂及足，并用黑色和红色涂抹出头发、皮肤、衣服和鞋子等，风格鲜明，造型独特。

M502 随葬木俑位于墓室四角

> 饰棺者，以华道路及圹中，不欲众恶其亲也。
>
> ——汉·郑玄《周礼注疏》

饰棺之仪

按照古代文献的记载，周代贵族在葬仪过程中，为了不使人们直接看见亲人的棺柩，需要以华美的装饰物对棺柩进行遮蔽，这就是周代贵族丧葬制度中的重要组成部分——“饰棺”之仪。历年的周代考古发掘中，在一些高等级墓葬中不断有相关的遗存被发现。

饰棺的内容分为棺饰、翣两部分。棺饰主要是指覆罩于棺柩之外的荒帷及其框架墙柳以及接结于柳架上的池和铜鱼、贝等饰件。

荒帷

荒帷是棺饰的主要部分。先以木竹类材料构成框架，侧框称墙，顶架称柳，即所谓“墙柳”。再加布帛于墙柳外，覆于顶面者为“荒”，缝于四周者称“帷”。荒帷就是民间俗称的棺罩，至今在陕西、山西的一些农村丧葬活动中还能见到。

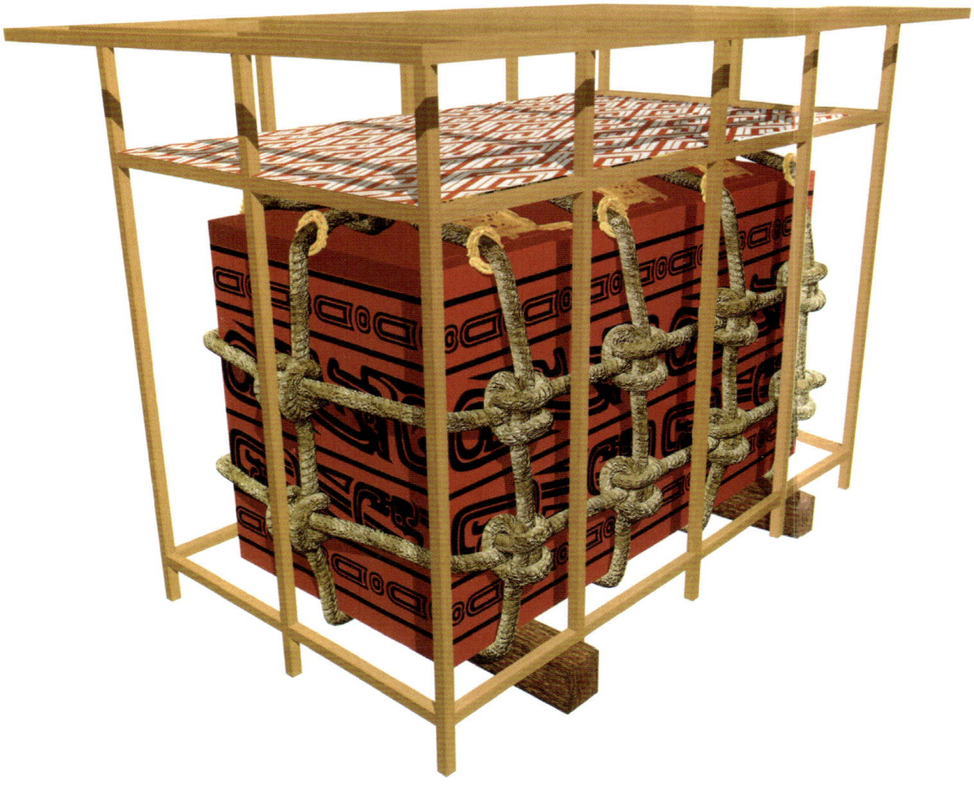

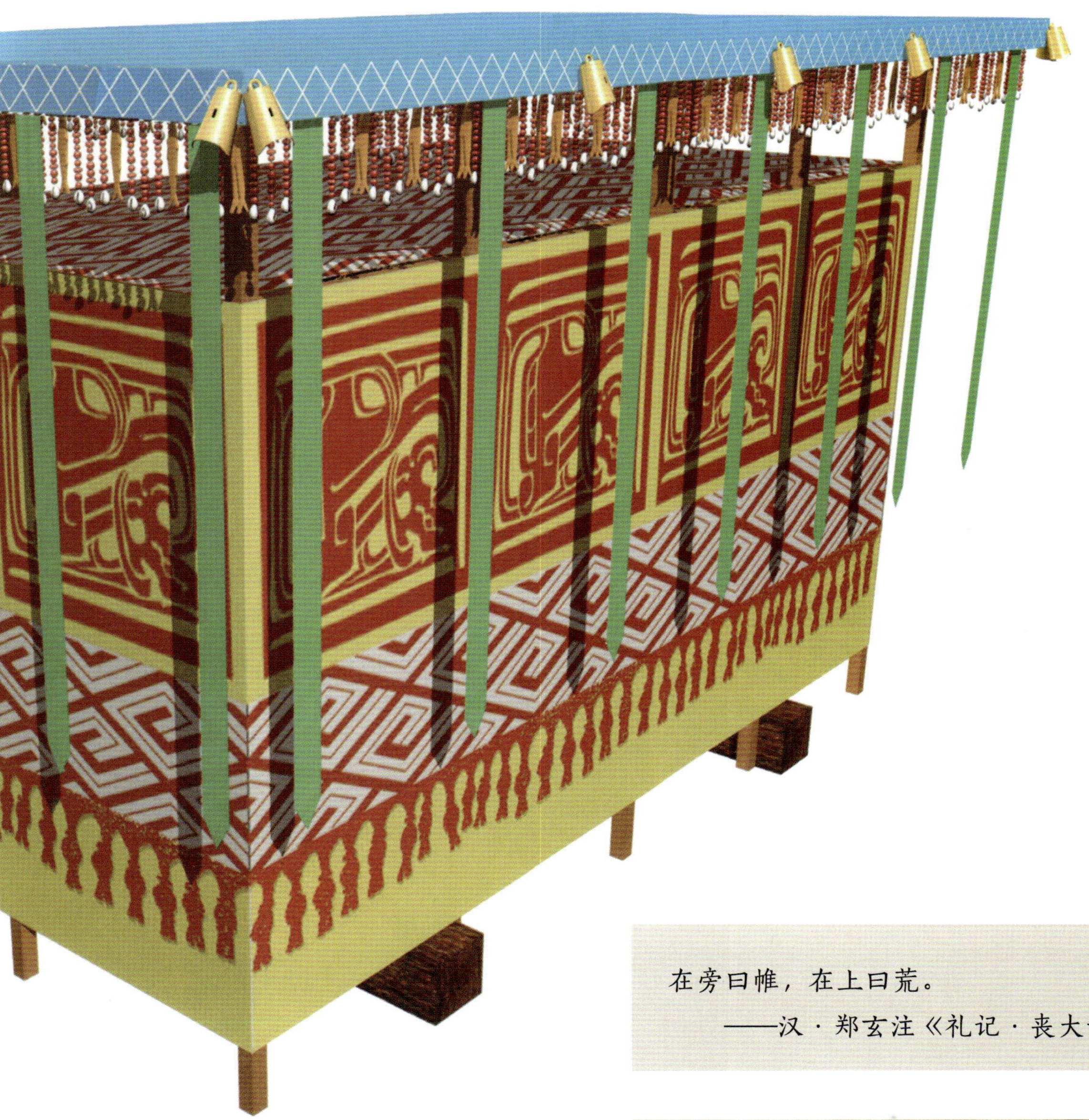

荒帷复原模型

在旁曰帷，在上曰荒。

——汉·郑玄注《礼记·丧大记》

M502 北部荒帷图案复原图

M502 北部荒帷遗迹

池，以竹为之，如小车笭，衣以青布。

——汉·郑玄注《礼记·丧大记》

池

池是另加于荒帷之上的饰物，高于且大于荒帷，用竹木类材质做方形框架。现可见到的架顶框呈现出“口”“日”“目”“田”等形状的横向或纵向梁架结构。架上覆盖青色布，架下悬系铜鱼、珠、贝组成的串饰，在其四角及与横向串饰的衔接部位，往往还有一件或两件铜铃。

M27 北壁串饰池

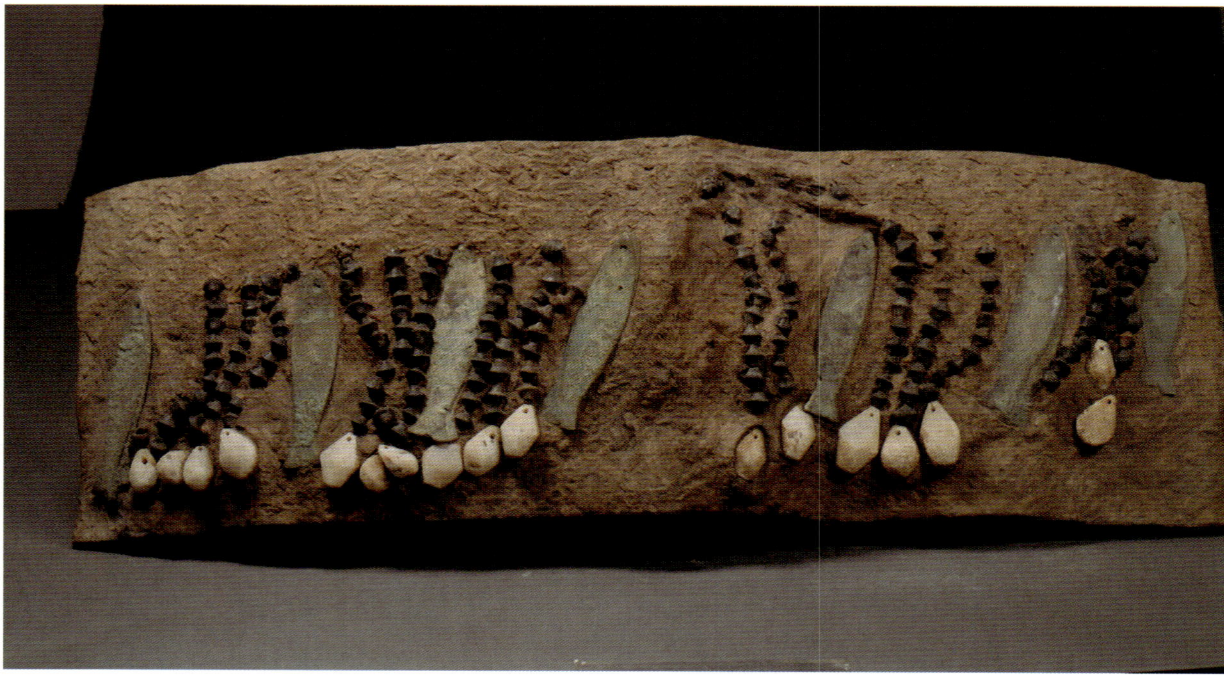

M19 陶珠、玛瑙珠、海贝、青铜鱼组合串饰池

M26：13

M26：15 背面

M26：15 正面

M26：26

M26：761

M26：16

小铜铃，它们或为椁饰，或为棺饰，个体较小，平顶，上有近方形环钮，钮下顶面有一个小穿孔，铃腔内有一个槌状铃舌，下口边沿向上弧起，器身断面近椭圆形，上细下粗。以器身有无镂空，分为两种。

翣

翣是在送葬过程中，由人举持而随棺柩行进的仪仗器具，其顶端多呈三叉形。质地种类可能较多，但从西周中晚期到春秋早期多为铜片制作，故得以保存。使用翣的目的亦是为遮蔽灵柩，使用之后作为随葬品，一般放置于外棺顶上，或者树立、倚靠于外棺旁。

大丧，持翣。
——《周礼·御仆》

铜翣（M19：125）

M19 铜翣出土现场

铜棺环

铜棺环作为饰棺之物，分布于外棺四周。在芮国墓葬群中仅见于带墓道的大型墓葬中，且每个大型墓葬中出土数量均为10件，两两对称，东西两侧各4件，南北两端各1件。

铜棺环出土现场

梁带村芮国墓地的发掘，让一个在地下埋藏了数千年的古国重见天日，金玉璀璨的芮国遗珍，汇集拼凑出芮国风貌的各个侧影，重叠辉映出一段盛极一时的芮室华章。或光彩夺目，或残破难辨，因为有了这些材美工巧的遗珍，这段历史，虽已尘封千年，却依旧鲜活而温热；这方古国，虽已揭开面纱，却仍然神秘而悠远。

金玉锦绣 芮室华章

典章文物勾画的芮国风貌

金革之世　执锐披坚

“国之大事，在祀与戎。”春秋战乱之际，芮国斡旋于众诸侯国之间，梁带村出土的以龙纹钺、三角形有銎戈为代表的青铜兵器以及铜铠甲、马甲胄为代表的青铜防具，展示出芮国强大的实力以及不凡的青铜兵器制造工艺。透过这些锈迹斑驳的钺、戈、矛、镞，依稀能见到兵刃的寒光剑气，听到金革之世的锣鼓争鸣。

龙纹钺

已杀纣，周公把大钺，召公把小钺，以夹武王。

——《史记·鲁周公世家》

钺这种兵器在古代代表了最高军事权力，在兵器中具有极高的地位。梁带村 M27 出土的这件钺不仅体量大，而且造型精美，价值极高。此钺出土时，后接较长的髹漆木柲，应当为国君所有。

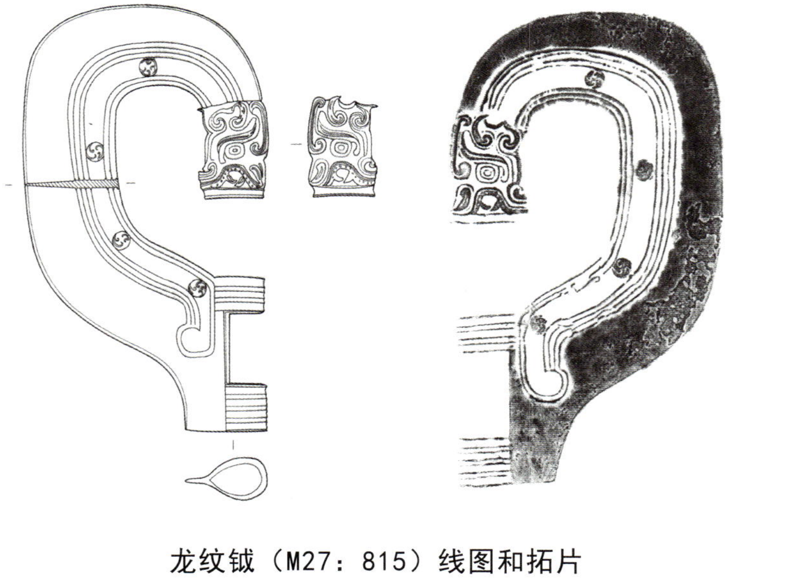

龙纹钺（M27：815）线图和拓片

内沿为背，外沿整体为刃，下部有两个椭圆形管状穿孔和上銎口对应，銎口一周为浮雕龙首纹。通高 24.0 厘米，重 535 克。

龙纹钺（M27：815）

三角形有銎戈

三角形的铜戈在考古史上极为罕见。M27 出土的三角形有銎戈（M27:818）的脊棱上有凹槽状的导血槽，从功能上说，它比常见的戈砍伐时更有效。尖锋呈等腰三角形，援起三角形脊棱，中部为镂空状，双面胡，下端胡较长，援末端作凹槽状阑，上有两节状銎，銎中部各有一贯通圆穿，刃锋利，素面。通长 19.4 厘米，重 420 克。

三角形有銎戈（M27：818）

戈（M27:816）

矛（M27：845）

匕首（M27：389）

尖锋双翼镞（M27：436）

圆锋无脊镞（M27：859）

三角形锋镞（M27：940）

铜铠甲片

梁带村遗址出土的铜铠甲片和遗迹显示出芮国的军事实力，在M28中出土铜甲片90余件，主要摆放在椁室的东南部，其他部位也有零星散片。形状以长方形为主，长12.5至13厘米，宽9厘米，厚1厘米左右，每个甲片重36.9至40.2克。

M28铜铠甲片出土情况

M28铜铠甲背面局部竹篾和织物遗迹

在清理过程中，当提取了第一层甲片后，甲片下保存有一层纺织物遗迹，在纺织物下为一层竹篾编织物遗迹，经与经之间很致密，而纬与纬比较疏松，竹篾之下还有一层纺织物遗迹，这说明竹篾编织物正、反面都有纺织物，甲片是编缀在竹篾编织物正、反两面的纺织物之上，而纺织物则是附在竹篾编织物上的。

盾形甲片（M27：633）

“亚”字形甲片（M27：857）

圆形甲片（M27：803）

蘑菇形甲片（M27：754）

人形甲片（M27：133）

正方形甲片（M27：858）

铠甲的提取和编结方法

将集中成组摆放的甲片整箱提取，运到室内进行清理，在清理前先根据甲片的摆放形式将其分块并编号；再根据甲片相互叠压关系进行绘图、编号和照相，以便对其进行复原。

甲片的系结方法：

1.单片系结法，即用短绳子将单个甲片一个一个缀绑在竹篾编织物上的纺织物上。

2.复式系结法，即将绳子两头从甲片的一端正背两面错空交叉向前呈“8”字形缀编，即绳子一头从甲片的正面左孔穿入，在背后打一结，向前从第二个甲片的右孔穿进到正面打结，如此向前缀编。而绳子的另一头则从甲片的背后面到正面打结后，再向前从第二个甲片的正面左孔穿到背面打结后，再向前编缀第三个甲片。

3.回环式系结法，即从一个甲片背面左孔穿到甲片正面后，绳子打结，再向前穿入甲片的右孔，在背面打结，再从背面向前穿入第二个甲片的左孔，在正面打结，再向前穿入正面右孔，在背面打结，再从背面向前穿入第三个甲片的左孔，在正面打结，如此编缀。在每个孔一正一背打结，是为了固定每个甲片和防止绳子左右游动。

4.波浪式系结法，即由一个甲片的正面的左孔穿到背面，再从背面右孔穿到正面，再向前穿入第二个甲片的左孔，再从背面右孔穿到正面，如此向前系结。

金镳玉络　车辚马萧

在强大的诸侯国面前，雄厚的武力是小诸侯国生存的基本保障。除了拥有大量青铜兵器之外，充足的车马也是武力的重要组成部分。梁带村墓葬中共有车马坑60余处，出土了大量车马器。这些精致坚韧的甲胄銮铃让时光倒回车马喧嚣的战时场景，向我们展示了一个蕞尔小国的军事盛况，从中也可管窥军事征伐对芮国的深刻影响。

矛首形軎（M27：1051）

蝉纹軎（M27：824）

车环（M27：126）

柱帽（M27：999）

軏首（M27：840）

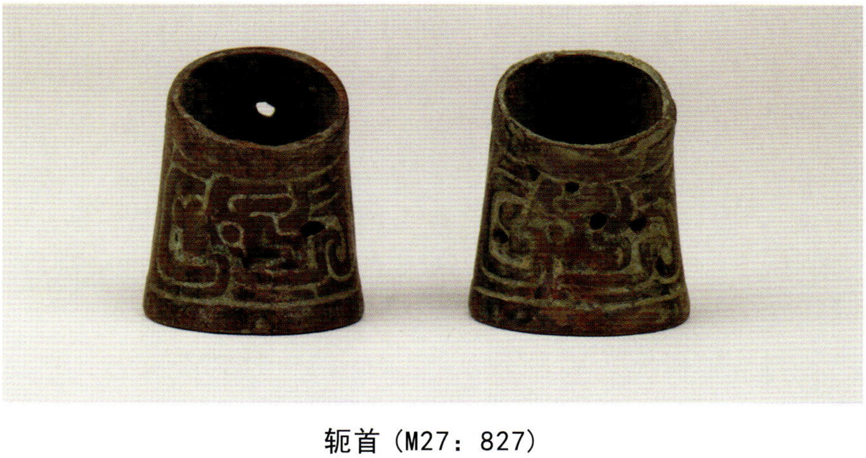

軏首（M27：827）

衡末（M26：97 组）正面

衡中（M26：72 组）

衡末（M26：97 组）背面

銮铃（M26：106）

有穿兽首形带扣（M27：773-3）正、背面

兽面纹铃（M27：904）

衔（M27：450）

圆钮游环（M27：685）正、背面

小腰（M27：854）

“K”形节约（M26：87）

“X”形节约
（M26：68-2）

蝉纹“十”字形节约
（M27：898-2）

蝉纹“十”字形节约
（M26：86-2）

“X”形节约
（M26：68-1）

“X”形节约
（M27：898-3）

“A”形节约
（M27：856-1）

并列式节约（M26：88）

并列式节约（M27：851-2）

烈火熔金 冶铁先河

根据现在国内考古发现情况来看，我国铁器出现的时间仍未有定论，但是梁带村出土的铁器与晋侯墓地、虢国墓地发现的铁器，同为国内最早的人工铁制品，说明在两周之际，围绕中条山的陕晋豫地区率先掌握的人工冶铁之高新技术，为即将迈入崭新的铁器时代奠定了坚实的科技基础。

M27 出土的两件铁器，是我国最早的铁器标本，为研究我国古代冶铁技术和人工冶铁的起源提供了珍贵的实物资料。

铁刃铜削与铜铁复合戈

铁刃铜削（M27：391），刃部铁质，被铜质削背夹裹，长 18.6 厘米，重 70 克。铜铁复合戈（M27：970），由两种金属铸接合成，援部铁质，其余部分铜质。通长 19.4 厘米，重 140 克。

铁刃铜削（M27：391）

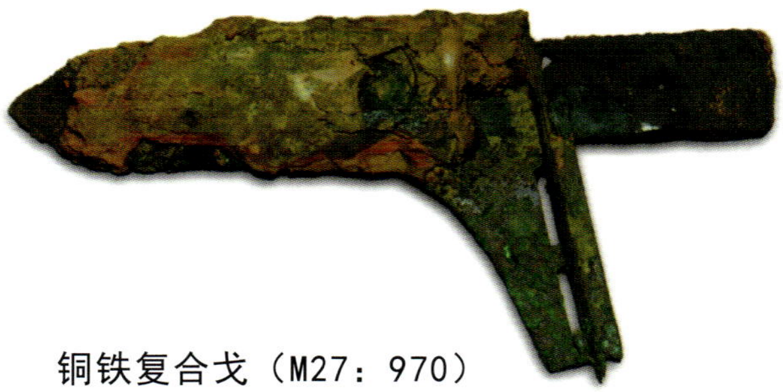

铜铁复合戈（M27：970）

铜铁复合器制作流程：

1.将铁刃锻打成型；

2.将其镶嵌在铸削刀或戈的陶范内；

3.浇注铜液，使铜包裹铁刃，结合形成铜铁复合器。

错彩镂金 材美工巧

古代贵族除在饰物上极尽奢华外，对日常生活器具也十分讲究。梁带村出土的这一组生活器具当中，有精雕细镂的象牙削盒、精巧实用的工具以及传统髹漆工艺制作的漆木器。这些器具总体取材广泛，工艺精湛，体现了芮国贵族在日常生活中品味不俗、情趣高雅。

象牙削盒

象牙削盒（M19:263），黄褐色，质地坚实，磨制光滑。长方形，盒身由上、下两部分组成，其内部雕出弧背削形空腔。两面均雕有两两相对的镂空“S”形回首双龙纹。

象牙龙首剑

象牙龙首剑（M19:265），黄褐色，质地坚实，磨制光滑。尖圆锋，直援凸脊，有刃，内作镂空“S”形双龙形。

工具

在 M27 的外棺下、椁底板之上随葬有铜锤、铜斧、铜锛、铜凿等工具和用具。

铜锛（M27：1075）

铜锤（M27：1077）

铜锄（M27：957）

铜刻刀（M27：191-1）

铜凿（M27：1076）

铜斧（M27：1074）

“Y”形管（M27：797）

合页（M27：891）

削（M26：758）

方管（M27：137）

箱扣（M27：943）

架钩（M27：145）

漆几

漆几（M27：979），位于 M27 椁室西侧。木胎部分已完全腐朽，仅存几案的表面漆皮部分，红底黑彩。纹样分为 4 个连续的单元，均为上下左右对称龙纹，翘鼻，吐长舌，龙体卷曲并饰羽纹。

漆木器箱

漆木器箱（M19：171、178），2 件，出土于 M19 椁室东部，平置于椁室底板上。长方形，朱底黑彩，龙纹图案。

M28 漆器

M28漆器主要位于墓室东北、西北、西南角，其中以西北角最多，腐朽严重。

梁带村芮国墓地的考古发掘收获了许多成果，为我们揭开了古芮国的神秘面纱，使我们得以近距离了解这个掩埋于黄土之下两千多年的神秘古国。然而惊喜之余，一个个疑问却涌上心头：在此之前芮国的居地何在？迁居于韩城的动因是什么？芮居韩城的两百余年时间里还发生过什么重大事件？有关这些大墓主人们的故事还有哪些？如果这里就是文献中记载的芮城，那么城墙遗址又在何处……

这些将是需要学界继续探索的学术课题，也需要进一步的考古工作来解决。

众说杂陈 悬念犹存

留待未来解答的未解之谜

梁带村芮国居民的住址何在？

张天恩博士在《西周社会结构的考古学观察》一文中认为，在墓地东侧靠近黄河的梁带村原址和其北的化石寨一带，调查发现有范围较大的周代遗址，并采集有板瓦等大型建筑所用的建筑材料，或应属于墓地埋葬者生前生活的居址。两者共同构成了芮国后期的聚落和葬所，也就是芮公家族在两周之际的采邑。

古代芮国从何而来？

有关芮国的起源之地，一直以来众说纷纭，争论不休，目前学术界尚无定论，我们只能依据史籍、青铜铭文加以推测。不过可喜的是，梁带村芮国墓地以及其他两周遗址的发现与发掘，为我们提供了越来越详细可信的考古资料，让我们可以一探古芮国的来龙去脉。

古芮为秦所灭，其后人去向何方？

公元前640年，这个曾经活跃在关中地区的两周古国走完了它数百年的旅途，匿迹于中华民族的统一之路中。古芮国灭亡之后，一直到两汉前后，在今陕西扶风与山东平原一带，芮氏的子孙逐渐开始繁衍、壮大，但这五六百年间，曾经的芮国后人又经历了哪些曲折，越过了哪些坎坷，这又将成为让我们魂牵梦萦的未解之谜……

还原古芮国历史为何矛盾重重？

近些年来，两周考古的新发现层出不穷，考古成果也异常丰富，仅就芮国历史而言，外地出土的芮氏铭文以及其他芮氏文化因素屡见不鲜，但是即便如此，现在依旧连完整的芮公世系也无法建立。

囿于史前文献有关芮国的直接资料过少，加上青铜铭文祭祀属性的限制，而且两周时期各地邦国林立，资料难以大幅勾连，种种原因导致还原芮国的历史困难重重。